まねしたくなる土井家の家ごはん

土井善晴

講談社+α文庫
プラスアルファ

まねしたくなる
土井家の家ごはん　目次

夏は酢の味。冷たいお料理。
すっきりとしているもの、
元気が出るものを食べましょう。

秋はご飯。味噌汁。魚と肉。
ほっくりとした芋。
がんばらなくてもおいしい、
毎日のしっかりごはん。

冬は菜っぱ。
ゆでて、炒めて、鍋にして。
白い野菜のみずみずしさ、
こってり煮魚にも舌鼓《したつづみ》。

○この本のレシピ中の材料の計量は次のように表記してあります。1カップ＝200ml、大さじ1＝15ml、小さじ1＝5mlです。
○特に表記のない材料については、作りやすい分量で紹介しています。

何よりも、家のごはんが大切です。
何よりも、旬の素材が大切です。
なぜなら、食べることは
生きることだから！

「家庭料理」の作り方

家庭料理はおいしければいいわけじゃない。おいしいばかりが正しいことではない。このことをどうお話しすればよいものか……。

「おいしい」とはどういうことでしょう?

「おいしい」というと最近は、しっかりした味つけで、一口食べたとたんに「おいしい!」って感じるようなものばかりが良しとされているようです。一口食べて「おいしい!」と感じるものの代表は、霜降《しもふ》りのお肉やまぐろのトロなどの高級食材でしょう。味つけでいえば、バターやオイル、濃いおだしなどを使った〝うまみ〟の強いもの。あるいは甘さやスパイスなどの刺激が際立つもの、とろりとした柔らかい舌ざわり……。でも、一口めから「おいしい!」ものも、一皿を食べ終わるまで、食事の最後まで、ずっとおいしいとは限りませんね。むしろ、食べたあとに胸が焼けたり、胃が重くなっていることが多いです。

家庭料理というのは、ちょっと水臭い……つまり、味が薄いくらいのほうがいいんです。一口食べたときには物足りなさを感じるくらいのものの中に、本当のおいしさがあるのです。

どうも私のいう「おいしい」は、毎日のようにテレビのグルメ番組などで流れている「おいしい」という言葉とは違うものを指しているようです。だけど実際、私たちの日々の生活にはいろいろなことがありますし、元気なときばかりではないのです。霜降りのお肉やトロなどのごちそうでないほうが、ありがたいときのほうが多いのです。いや、むしろそうしたごちそうはたまに食べるから「おいしい!」のであって、普段の食事ではもっと、からだも心もホッとするようなものを食べたいと思いませんか。

では、家庭ではどんな料理を作ればよいのでしょう?　本当においしいと感じる、家のごはんってどんなものでしょうか。

尻上がりな味・キレの良い味

今は〝基本の食品〟が売れない時代だそうです。しょうゆ会社は肝心のしょうゆを作っても売れず、みりん会社はみりんを作っても売れないといいます。以前、私のところにも〝だししょうゆ〟を使ってみてほしいと、しょうゆの会社から要望がありましたが、私は使いません。しょうゆはしょうゆとしておいしければよいと思うからです。しょうゆがしょうゆ以上においしくなる必要を感じません。

「おいしさ」とはバランスです。調味料がおいしすぎれば、素材のうまさの邪魔になります。旬の野菜のおいしさを感じてほしいと思っても、〝だししょうゆ〟をかければ、ふつうの野菜も、旬の本当においしい野菜も、同じくらいのおいしさになってしまう。そうした食べ方が習慣になると、素材のほのかな香りや味わいを識別する私たちのせっかくの能力が、どんどん退化してしまうのです。

市販のインスタントだしについても同じこと。うまみの成分が強すぎるせいか、どんな料理を作っても、同じような味になってしまう気がします。「それならば水を使いましょうよ」というのが私の考えです。だしをとる時間がなければ、インスタントに頼らずに水で煮たほうが、素材の持つうまみが素直に感じられます。それこそ、一口食べて「おいしい」と思う強いうまみはないかもしれませんが、食べ進むうちに、なんとも素朴なおいしさがあることに気づく。一口め、二口めは「ちょっと味が薄い」「水っぽいな」と物足りなさを感じても、食べ進むうちに「おいしいな」って感じる。みなさんにもこんな味の経験がきっとあることでしょう。

こういう味を〝尻上がりな味〟というんです。〝尻上がりな味〟のお料理は、食べたあとに、口の中も胃のあたりもすっきりと気持ちがいいのが特徴で、この後味の良さを〝キレの良い味〟といいます。言葉が存在するということは、日本人はかねてから、こうした「おいしさ」を認識していたということ。トロや霜降り肉のおいしさばかりでなく、「おいしい」にはいろんなおいしさがあることを、元米、私たちは知っているはずなのです。

家のごはんは、〝尻上がりな味〟がいいと思いませんか。素材の持ち味を生かした、シンプルなお料理。素材を生かそうとすれば自然と調理の手数が少なくなり、味つけが薄くなります。一口めは物足りなくても、食べ終わったときに「ああ、おいしかった」と満足して、からだも心も満ち足りながらもすっきりとしている。家庭料理はそれがいではありませんか。いや、もっといえば家庭料理でないと、なかなか、そういうおいしさは味わえないのです。

おいしくない素材をおいしくする、の落とし穴

ここまでお話しすれば、もうお気づきかと思います。家庭料理において一番大事なも

のは何か。それは「素材」そのものが新鮮でおいしいことです。おいしい＝味が濃い、おいしい＝高級品、ではないことは、先にお話しした通りです。

「おいしい素材」とは、その季節の旬の素材です。採れてから、あまり日にちが経っていない新鮮な素材です。できる限り自然な環境の中で生まれた素材です。

実は日本料理というのは、高級なプロの料理も、家庭の料理も、めざすところは一緒なんです。どちらも〝鮮度の良い素材のうまさを生かす〟ことが第一。そのためにはやはり、「良い素材」を選ばなくてはなりません。プロはもちろん、日本全国から選《え》りすぐりの素材を探して、天然自然の食材の美しさを引き出そうとします。一方、家庭料理においての「良い素材」とは、何も高価なものではないし、姿形の美しいものでもありません。自然や季節にそって、あまり手を加えないで作られたその土地の食材です。採れてから日が経っていない、鮮度の良さこそが大切。私たちは近所の魚屋さんや八百屋さんやマーケットで、そうした良い素材を探すことが重要です。いわしや菜っぱなど、値段は安くとも鮮度の良い素材を買ってきて、焼いたり煮たり、ということです。素材が良ければ、調理法はいたってシンプルなほうがいい。そのほうが栄養価を損なわず、ものの味を素直に楽しむことができます。

鮮度とは、その素材の命そのものであると、私はいつも思っています。子供が遠足で持ち帰った掘りたてのさつま芋を蒸《ふ》かしたとき、ほんまにおいしかった！　もぎたてのりんごをがぶりとかじったとき、「ふつうじゃない」おいしさを感じた。その感動するほどのおいしさの理由は、さつま芋はさっきまで土の中で、りんごはさっきまで枝につながって、いきいきと生きていたからです。さつま芋もりんごもその実の中に、次の命へつなごうとする生命力や養分やエネルギーを蓄えています。それを、彼らの命の源を、私たちはいただいているんですよね。生きるために。

鮮度の中に潜む〝生命力〟こそが、素材の風味や香りであり、本当のおいしさです。しかしりんごは枝から離れたとたんに、その実の命の力を弱くしていく。日にちが経つごとに感激するほどのおいしさが失われていく。すべての素材がそうです。そして現代社会に生きる私たちの身のまわりには、鮮度の落ちた素材のほうが多くて、実は「おいしくない素材」を手に入れるほうがたやすくなっているようです。

「素材」に無関心で、「安ければいい」とか「便利だから」という発想だけで毎日の食品を選んでいれば、その素材がどこから来たのか、どんな色や形なのか、採れてからどのくらい時間の経ったものなのか、よく見ることもせずにマーケットのかごの中に放り込んでいることでしょう。そのあとの台所の様子は、だいたい想像がつきます。

鮮度の落ちた素材は、シンプルな調理法で食べてもおいしくないですから、何かをプラスして満足のできる味に変えることになります。調理の手数を増やすか、油でこくをプラスするか、香辛料や調味料を加えていくか。そうしたことを〝工夫〟と称して、マヨネーズやケチャップやソースなどをむやみに料理にかけて食べると、素材の味を感じなくなってしまうことは誰にもわかるでしょう。あるいは、はなから「うまみの濃い」市販のたれやソースに頼る人もいるかもしれません。こうなると素材はもはや味や香りではなく、見た目や食感だけを期待されているような……。さらにここで忘れてならないのは、あらゆる食品加工品には大量の化学調味料や保存料が入っているということです。これらは現代人の味覚を狂わせているひとつの原因です。まずいものがおいしくなる――一見良いことのように思いますが、その裏側で私たちは知らず知らずのうちに、生き物としての〝能力〟を退化させているのです。本当の「おいしい」がわからなくなってしまう……。

誰にでも、記憶があるのではないでしょうか。

暑い夏の日、むせかえるような強い香りに圧倒されながら、もぎたてのトマトを夢中でかじった。秋の高い空の下、こんがり焼いたさんまのわたの苦みをしみじみと味わった。冷える夜、粉の香りが口いっぱいに広がる打ちたてのうどんを、「これ以上の幸せはない」と思いながらすすった……。舌先だけでなく、全身で「おいしい！」と感じた味の記憶。

からだの芯で「おいしい」と感じたものには必ず、私たちに必要な栄養素が含まれています。味覚とは大したもので、食べて「おいしい」と感じることで、それが自分のからだに必要なものであるかどうかを判断できるのです。「旬のものが食べたい」と思うのも、そのときの自分のからだに必要な栄養素が、旬のものにはたくさん含まれていることを、私たちは本能的に知っているからです。すごい才能？　いや、当たり前ですね。だって私たちは自然の中で、自然とともに生きる、自然の一部なのですから。

「食べる」とは、ほかの生命をもらって、自らの生きる力をつけることです。「食べる」とは、健康なからだと、生きる喜びをいただくことです。「料理」とは、人を元気にする力のあるものです。人を生かすものです。あなたの作るお料理が、家族を、友人を、あなた自身を生かしてくれるのです。家庭料理とは、私たちが幸福に生きるための土台なのです。

献立の作り方

さぁ、今夜は何を作りましょうか。〝献立は主婦の悩みの種〟とよく聞きます。ひとつ考えていただきたいことがあります。「日本の家庭料理の代表はなんですか」と問われたとき、あなたならなんと答えますか？　おすし？　天ぷら？　肉じゃが？　これという決め手に欠けるでしょう。

実は、私たちの普段のおかずには、名前のついているものがあまりないのです。なぜかといえば、それは日本の家庭料理には〝主役〟のお料理がないからです。家庭料理は、ご飯と、「主菜」「副菜」「汁物」の一汁二菜で成り立っています。この一汁二菜の中で、味や彩りや栄養のバランスがとれているのがいい、という考え方です。だから必ずしも魚や肉を主にした「主菜」がメインというわけではなく、冬場の甘いほうれんそうをサッと塩炒めにした「副菜」が、ときには〝真の主役〟だったりもします。知人が家庭菜園で丹精込めて作ったきゅうりの酢の物が、〝今日の主役〟だったりするわけです。

ですから、おかずを考えるときは料理名ではなく、〝主役の素材〟を選ぶことから始めます。

マーケットに向かいながら「今晩のおかずは何にしようか」と料理名を思い出そうとしても、献立は立てられません。またその逆に、雑誌などで見た、料理名のついたお料理を作ろうと思って買い物に出ても、ぴったり適した素材があるとは限りません。

魚屋さんの店先に立ってから、いきが良くて、値段も安い旬の魚の顔を見て「今日はこれにしよう」と決めてください。そして、焼く、煮る、揚げる、蒸す、生のいずれかの調理法を選びます。その魚に合った調理法が何種類かありますから、わからなければ「どう食べるのがおいしいですか？」と魚屋さんに聞いてみるのもよいでしょう。たいてい親切に教えてくれます。あるいはマーケットの魚売り場なら、調理法のメモが添えられていたりもしますよね。

今日の主役の素材が決まったら、素材や味つけのバランスを見て脇役を考えます。

主役が甘辛く煮つけた魚なら、脇役の野菜はさっぱりとした酢の物で。魚を塩焼きにするならば、脇役はしょうゆをたらしていただく青菜のおひたしや、ごま和えがいいでしょう。お肉が主役の日は、レストランなら野菜のバターソテーをつけるところを、家庭ではおだしでさっぱりと煮た薄味の野菜を添えてみます。また、みずみずしくておいしそうな立派な大根を見つけた日は、だしをたっぷりとって、油揚げと一緒に煮つけて主役にします。脇役には少しこくのあるものが欲しいですから、塩をふった鶏手羽をグリルでこんがり焼きましょうか。となると、この二品では色彩が足りないので、味噌汁の実を青菜やわかめにしたくなりますね。あとは、木の芽や柚子《ゆず》などの香りを料理に少し添えて、作りおいた即席漬けやぬか味噌漬けを食卓に出して……。ね、シンプルですが、素敵な献立ができたでしょう。

家庭料理とはこんなふうに作るものなのです。

濃い味のお料理には、さっぱり味のお料理を組み合わせます。献立は、味のバランスを考えることが重要です。そうすれば、栄養のバランスはあとからついてくると思います。おかずの名前から献立を作ることが難しいように、栄養面から素材を選んで献立を作ろうとすれば、なんだかへんてこりんな違和感のある食事になってしまう。栄養素やカロリーを計算して人間が頭の中で組み立てた献立は、なんだか味気ないのです。どうしても、おいしくならないのです。日々の食事は、人間の都合ばかりで作れるものではないということです。自然＝旬の素材と相談しないことには、献立は作れないのです。

人は人だけでは生きていけません。野菜でも卵でも魚でも、私たちは自然界のほかの生き物の生命力をいただいて、それを体内に取り入れて生きているのです。自然とともに生きているのです。これは家庭料理を作るときに、決して忘れてはならないことです。

「旬」を知りたい

旬がなくなった、なんて言われていた時期がありました。父が「旬が大切です」と繰り返し言っていた頃です。今でもあまり変わらないかもしれません。八百屋さんの店先には、一年中、同じような野菜が並んでいます。

確かにフルーツのように甘いトマトが、季節はずれにできる時代になりました。でも、「甘ければおいしい」と糖度だけをトマトのおいしさの判断基準にすることは、逆に貧しいと私は感じます。旬のトマトはひとつの実の中に、甘さも酸味も青臭さも、とても言葉では形容しつくせない、いろんなおいしさを複雑かつバランス良く持っているのです。それは人の力では決して作り出すことのできない、力強いうまさです。どれほど科学、技術が進歩しても、天然自然のおいしさを作り出すことはできません。旬のおいしさは自然にしか作れない以上、旬はなくならないのです。日本に四季がある限り、天然自然に勝る味なし、です。

旬の素材はきれいです。八百屋さんの前に立って、魚屋さんの前に立って、見とれてしまいます。今日は何を食べよう、と目移りしてしまいます。「素材の選び方を教えてください」ってよく聞かれますが、「おいしいものは美しい」、これが私の答えです。どう美しいかって、そんなこと説明できません。とにかく美しくてドキドキするほどです。そうですね……富士山を見て、「今日は絵に描いたような富士山だ」というでしょう。まさに絵に描いたような鯛《たい》やえびやなすび、といったところです。それが良い素材です。「吉兆《きつちょう》」で修業時代、先輩に「何色が好きですか」と聞いたことがあります。「僕は鯛の色が一番好きや」って答えられました。すごい人ですね。いっぺんで大好きになりました。天然自然の素材は本当に美しいのです。

しかし都会暮らしの中では、「旬の食べ物が何かわからない」という声をよく耳にします。そこで「旬」について、とてもよく理解できる方法があるのでお話ししたいと思います。日本の四季折々の風景を頭に浮かべながら聞いていただければ、わかりやすいのです。

山と森、田と農地、川と海、そして人

昔から「春は芽のもの」といいます。「黄色は春の色」「春は苦み」とも。これらは春

の料理のキーワードです。

黄色い菜の花が春の野に咲いています。木や草が次々に新しい芽を吹き出します。たけのこ、アスパラガス、ふきのとうやつくしなどの山菜類。それらは大地からエネルギーをもらって、天に向かってまっすぐ伸びていくものばかりです。また、蔓《つる》性の野菜もグングン伸びて育ち、えんどう豆、いんげん豆といった柔らかい緑の実をつけるそれらが、市場に出回る時期でもあります。つまり、「春は芽のもの」とは、芽のように伸びるものを食べていれば間違いなくおいしい、という意味なのです。

里山に春が来る頃、海にも春がやってきます。「今年は春の訪れが遅くて、なかなか暖かくならないな」と思う年でも、蛤《はまぐり》やあさりが貝殻いっぱいに大きくふくらんでいるのを見れば、春がやってきているなって、マーケットで季節の訪れを知ることができます。貝殻が栄養いっぱいになって身をふくらませるのは、餌《えさ》であるプランクトンが海に豊富にあるからで、そのプランクトンがどこからやってきたかといえば……。

ちょっと、春の山を想像してください。冷たくはりつめた空気がゆるむと、深山の雪が解けて、ちろちろと流れ出します。ミネラルや植物プランクトンなどの栄養分をたくさん含んだ水は、やがて小川となり、森を抜け、雑木林を抜けて野原へ下りていきます。さらさら流れる春の小川の水は、両手ですくったその中に、何億何十億という微生物やミネラルを抱えています。川の水は、肥沃《ひよく》な黒い土と同じように生命の宝庫なのです。

川は海に流れ込みます。すると海には、微生物やミネラルを栄養分とする動物性のプランクトンがたくさん現れます。このプランクトンを餌にするのが貝や小さなえびの子で、河口にはそれらを求めて磯魚が集まります。さらにこうした小さな魚を餌にするのが、夏に旬を迎えるはもやすずきといった魚なのです。私たちの目には見えないけれど、海の中も四季折々に景色を壮大に変えていきます。

こうした食物連鎖の始まりは、山や森からやってくるのです。今でも日本の国土の七割は国有林。日本は森の国です。木を伐っても、三十年もすれば、また再生できる日本の自然の強さです。そんな豊かな風土であるから、土地が肥《こ》え、野菜がうまく、豊かな海があるのです。山や森と海はつながっています。その間にあるのが田や農地です。森からの涼しい風を受け、海からの湿った風を受けて、大地で作物が育ちます。みんな、ぐるぐると結びついて関係しているのです。もちろん私たち人間も、その真ん中にいます。

視線を田畑に戻しましょう。梅雨どきのじめじめとした日々も、植物にとっては生長のときです。適度な湿気と温度の中で、もしゃもしゃと蔓や葉を伸ばし始めるのが、ウリ科のかぼちゃやすいかなど。これらが実を大きくふくらますと、いよいよ夏の始まりです。

梅雨もあけて旧暦では「水無月《みなづき》」（六月）と呼ばれていた頃には、空にぎらぎらと太陽が輝きます。陽炎《かげろう》が立つような強い日差しの下で、水分をたっぷり含んだなす、きゅうり、トマトがたわわに実をつけるのは、あまりに都合の良いことだと思いませんか。しかし、それはもちろん人間ののどを潤すためではなく、野菜自身がその子孫である種を枯れさせないように、たっぷりの水分と栄養分の中で育て、守っているのです。そんな野菜の生命力をいただいて、私たち人間は暑い夏を乗り切ることができる。間違いありません、夏の畑で旬を迎えるのは「実をつける野菜」たちです。

暑い盛りには、茂った葉の下に、小さな固い青い実を隠していた柿や梨。これらが大きくなって、葉陰に実を隠しきれなくなると夏も終わりです。庭先の柿に色がつくのと同じ速度で、だんだんに秋が深まっていきます。

秋は森の季節。「実りの秋」です。栗もしだいに茶色くなり、思いきりふくらむ力で、ある日とうとうパカッとイガが割れて。イガから顔をのぞかせた、ふっくらとした栗の子を目にするたびに、「実りの秋」を感じずにいられません。里芋、さつま芋、土の中で育った野菜も秋が食べ頃。風が吹けば実をぱらぱらと落とす銀杏《ぎんなん》を煎《い》って、お父さんは一杯やりたくなる季節でしょうか。

コスモスが儚《はかな》げに揺れ、夕暮れどきにはすすき野原が銀色に光る。この頃の田んぼでは、鮮やかな朱色の腹をしたアキアカネが、人の頭や肩で羽を休めます。トンボを〝秋《あき》津《づ》（秋のもの、の意味）〟と呼んだ昔、この国はもっともっと自然と人が近しかった。

私がたびたびお邪魔して、田植えをさせてもらっている新潟県・大島村（現在、上越市）の稲刈りは、九月の終わり頃。初夏に植えた稲は、約百二十日間で重たい穂をたらすようになります。その間、雨風に一喜一憂した農民の、収穫時の喜びはいかほどのものか、私の知る由もありません。

秋を旬とするのは「実りのもの」。樹木に実り、土の中に実り、田に実った米です。

さて、秋にきのこ狩りを楽しんだ山も、紅葉が終わって木々が葉を落としてしまうと、雑木林の見通しが一気に良くなります。地面の上には青々とした下草がなくなり、枯れ葉の絨毯《じゅうたん》の間から、黒い土がのぞいているばかり。地面の上に何もない冬。それでも地面の下では、次の命のための養分をしっかり抱きかかえた大根、ごぼう、れんこん、にんじんなどの根菜類がぷっくりと太っています。

畑では引き続き、人が野菜を育てています。この季節においしいのは、寒さから我が身を守るためにギュッと葉を閉じた白菜やキャベツ。ほうれんそう、小松菜などの〝菜っぱ〟たちも、寒さに凍《い》てつかぬよう、自ら糖分を蓄えてとびきりおいしくなる。青いものも白いものも、冬は「葉もの」が味を濃くする時期。「根菜」も、春にまた芽を吹くための栄養分をしっかり蓄えて、うまみを増している時期。寒さから我が身を守ろうとする植物の力をいただいて、私たちはからだを温めることができるのです。

そしてまた、はりつめた空気がふっとゆるむときがやってきます。木々が芽吹きの準備を始めます。深山の雪が解けて、豊かな水がちろちろと流れ出します。

三月三日の桃の節句には、春浅き海からやってきた蛤を潮汁《うしおじる》にするのが決まりです。ひな祭りのおすしには、黄色い錦糸卵がつきもの。暖かくなれば運動量の増える鶏の卵も、春が旬なのです。「黄色は春の色」には、その意味も込められています。

こんなふうに四季折々の風景を思い浮かべると、「旬」とは何かがわかってくるのではないでしょうか。

私たちは自然の中で生きています。野菜や魚などの命も、自然の中で育まれていま す。「旬」とは、それら命の〝一番勢いのあるとき〟です。素材が一番栄養素を抱きかかえている瞬間です。その栄養素が私たちの元気の素となるのです。色、艶、形、「旬」の素材は力強くて美しいです。曲がったきゅうりにも勢いがあって、なかなか絵になります。「旬」の素材にはにおいがあります。「旬」の素材はみずみずしいです。特別な手を加えなくても、うまいです。とびきりうまいです。「おいしい」と私たちが無条件に感じるということは、すなわちそこに栄養があるということ。だから「旬」の素材を食べたい、家族に食べさせたいのです。

はしり、旬、なごり

四季がめぐる日本では、「旬」のものを料理に盛り込むことが、昔からとても大事にされてきました。素材は「旬」だけでなく、その前後も楽しもうということで、「はしり」「なごり」という言葉もあります。

「はしり」とは、その素材が「旬」を迎える前の出始めの頃。「はしりもの」には、人を喜ばせてあげようとする思いが込められています。

古い日本画に、雪中から掘ったたけのこを胸に抱いて吹雪の中を歩く、蓑《みの》をかぶった農夫の絵があります。雪の中から春を掘り出し、家に大事に持ち帰るのです。今のように冬でも暖かいなんてありえなかったし、火鉢の火に手を当てて、わずかな暖をとるような暮らし。「早くあったかくなってほしい」と切に願ったことでしょう。そんな時分の夕餉《ゆうげ》に、お椀のふたを取ってみると、お吸い物に薄く切ったたけのこの実が添えられている。「もう、春が来るんやな」って、今の私たちが失ってしまった感覚かもしれませんが、でもその嬉しさは想像がつきます。

現代では「はしりもの」を、いちはやく献立に取り入れるのは料理屋でしょう。暦のうえでは五月になれば夏。料理屋ではさっそく「はしりもの」のかぼちゃが登場します。出盛りのときのようにたくさんではなくて、ほんの少し。しかもそれは、決しておいしくてはいけないのです。「青臭いかぼちゃやな」というのがいいのです。未成熟なかぼちゃを一口食べて「もうすぐ夏が来る」というのが楽しくて、嬉しいのです。日本の季節の楽しみ方って、深いですね。

「なごり」というのは、その素材のおしまいの時期をさします。

わかりやすくいえば、大好きなコートを、また寒い季節が来るまで大切にたんすの奥にしまい込む。これが「なごりを惜しむ」ということです。〝なごり雪〟という歌もありましたね。食べ物にも「なごり」を惜しむ感覚があります。それはチリチリと虫の声がする頃に、「枝豆ももう食べ納めかぁ……」なんて、ビール片手につぶやくお父さんの心境そのものです。「はしり」のものを好む一方で、「旬」が過ぎれば、その素材に見向きもしなくなる、ということでも私たちはないのです。「なごり」の素材には、もうかつてのような力はありませんが、その侘《わ》びた味をも慈《いつく》しむ。ときには、勢いが勝って実《じつ》が伴わない「はしり」のものと、円熟の極みである「なごり」のものとを組み合わせて、ひとつの料理に仕立ててみたりもする。大人の感性というか、なんとも繊細で豊かなものを、私たちは心の中に持っているのです。

ちなみに「旬」というのは、竹が節をひとつ作る期間のことなのですよ。その期間はなんと、わずか二週間ほど！

だから本当に、私たちは世界で一番、季節に敏感な国に生きているのです。その国で、四季の小さな変化を発見することに喜びを見いだしてきたのです。昔から、ずっと……。

「旬」がなくなったと感じるのならば、それは環境の変化や、作り手、売り手、買い手の問題以上に、静かに自然を見つめる心を私たちが失いかけているせいかもしれません。でも実は、その心を取り戻すのは簡単なことです。「さぁ、今日は何を食べようかな」と、自分のからだの欲求に耳をすませばいいんです。寒い朝には「今夜はじゅわっとつゆの出る風呂吹き大根が食べたい」と思うでしょう。汗ばむ昼には「さっぱりしたトマトのパスタが食べたい」と思うことでしょう。からだは自然に、「旬」を求めるようにできています。

からだの声をキャッチしたら、あとは安くておいしい「旬」の材料を買ってきて、自分で作るだけです。お料理自体は、ごてごてと手数をかけぬ、シンプルなスタイルでいきましょう。面白いもので、これを心がけると、毎日毎日、「食べたいもの」が浮かぶようになります。この習慣を身につけると、献立に悩むことがなくなるのです。頭で知っている料理名ではなく、からだが食べたい「旬の素材」から発想しているからです。

たとえ夏はなすばかりを食べていたとしても、その日の天気や温度や気分によって、食べたい味つけ、歯ざわり、お料理の温度などが変わってきます。ある日は焼きなすにしておかかじょうゆで食べたり、ある日はピリ辛に炒めて麺の具にしたり、味噌汁の実にしたり、即席漬けにしたり、オリーブオイルでソテーしてサンドイッチにしてみたり。焼きなすの薬味を、しそやみょうがに替えるだけでも味わいは違ってきます。

毎日同じような「旬の素材」を食べているけれど、お天気や体調や気分によって、微妙なところでちょっとずつ違っている。家庭料理はそんな工夫ができるのです。加えて「はしり」や「なごり」の素材で、季節の移ろいを楽しむこともできます。本当の意味で、これほど季節と、自然と、親しくなれるものはないのです。

春は芽のもの。
天に伸びた野菜の命をいただく。
おすしに卵、
華やかで明るい食の季節です。

お椀に木の芽を一枚

旬を食べたいというのは、人間の自然な欲求です。しかし悲しいかな、現代では、一年中同じような野菜が店に並び、いったい何が旬なのかわからなくなってしまっています。一流の料理屋で働いていた私にしても同じこと。料理屋では〝はしり〟の素材を扱うことが多いので、市井《しせい》の旬とは少し異なる季節が流れているのです。

私が旬のおいしさを知ったのは、いや、子供の頃に食べた記憶に残る野菜のおいしさを思い出したのは、料理屋をやめて独立してからでした。本当の野菜を食べて、そのおいしさにショックを受けて以来、休みとなれば篤農家《とくのうか》通いを始めたのです。そうして山野の空気を吸ってみて少しずつ、自然のこと、季節のこと、旬のことがわかるようになってきました。

雪が解けて、キーンとはりつめていたような空気がゆるんでくると、春の兆《きざ》しを感じて、二月頃からつくし、わらび、うどなどの山菜が次々と芽を出します。続いて菜の花、たけのこ、アスパラガスなど、天に向かって伸びるものの季節が始まります。

暖かさが増せば木々も芽吹き、たらの芽、山椒の芽が出てきます。次いでえんどう豆、そら豆などの豆類が勢いよく蔓《つる》を伸ばすのです。

まさに命が動いているところを食べるのが、春の旬だと覚えてください。

木の芽カレンダー

春の野菜はほろりと苦かったり、においも強い——これがおいしさで、薬にもなるのでしょう。少し食卓に添えて春が来たことを知らせるのは、台所仕事をする人の役目でもあり、楽しみでもあります。

お椀のふたを取り、ふわっと立ち上る良い香り。それを楽しんでから、汁を吸う。日本に生まれた幸せを、しみじみ感じるひとときです。お椀に添えられる季節の香りを〝吸い口〟といいます。吸い口は、春は〝木の芽〟と呼ばれる山椒の葉、秋には柚子《ゆず》と大きく分けられ、この二つをあしらうだけでも、家の食事どきに日本の季節を味わうことができます。

春から初夏にかけては山椒の季節です。

三月も終わりの頃。棘《とげ》さえもまだ柔らかい、ごく小さな枝先の〝山椒の新芽〟を摘むことができます。まさに初物ですから、お吸い物に添えるだけで、いっぺんに上等になるものです。

四月。山野で採れた〝天然の木の芽〟が出回ります。マーケットに一年中並ぶ栽培物の木の芽とは、フレッシュさ、香りの高さがまるで違います。お椀に添えるほか、お肉の木の芽焼きにしたり、焼き魚や若竹煮にたっぷり添えたり。たくさん手に入れたときは〈木の芽の佃煮〉を作ってみてください。ご飯の恰好の供《とも》ですし、ちょっとしゃれた器に少量盛り込めば、気のきいたお茶《ちゃ》請《う》けになります。

四月も半ば頃。山椒の花が咲きます。小さな黄色い花です。そのつぼみが〝花山椒〟で、これはごくわずかな期間だけ出回る貴重品。うっかりすると買いそびれてしまうので、見かけたらぜひ。少々高価ですが、せっかくですからたくさん求め、ゆでて冷凍しておくといいのです。小鍋仕立てのお肉のすき煮にたっぷりのせて、山椒鍋など楽しめますしね。もちろんお椀に添えても。その場合、花山椒は刺激が強いので、もう一度湯がいてから使ってください。そのほうが刺激が柔らかくなり、色もきれいに出ます。

五月の連休前後。山椒が実をつけます。出始めの〝実山椒〟は中の種が白くて柔らかく、白身魚のすしご飯などに混ぜ込むのに最適です。実山椒は一度下ゆでして、水にしばらくさらしてあくを抜きます。枝から実をはずすのはとても手間ですが、大まかに分けたものをそのままゆでると、ゆでたあとでなら、手でさばくだけでほろほろと簡単にはずれます。ただし、切って使うときはむしろ枝をばらさないのが得策。手に落ち着くように小房を押さえ、小口に刻んで吸い口にします。

五月の中頃以降。遅くになってから出回る実山椒は、切ると中の種が黒くなっていますこれがたくさん手に入ったときはぜひ、〈実山椒のしょうゆ煮〉にして保存してください。牛肉のしぐれ煮に加えてもおいしいし、魚の煮つけに入れるだけで〝めばるの山椒炊き〟などと名前と風味が変わって、お料理の気分を変えてくれるのですから楽しい。

さて、実山椒を秋まで木の枝に残しておくと、皮が固くなって実がはじけます。はじけた実山椒をよく乾燥させ、粉にひいたものが〝粉山椒〟です。スパイスコーナーに並んでいますね。求めたものを全部使いきるのはなかなか難しいですが、我が家では麻婆《マーボー》豆腐に、実山椒の香りが失せないうちにたっぷりとかけてしまいます。ちなみに懐石の向付《むこうづけ》の器に〝割山椒《わりざんしょう》〟と呼ばれるものがありますが、これは秋深い山椒の実がはじけた姿を移したものなんですよ。

実山椒のしょうゆ煮

○材料
実山椒‥‥適量
薄口しょうゆ‥‥適量

○作り方
1　実山椒はゆでて水にとる(ぴりぴりを取るため)。
2　ひたひたの水に入れて、薄口しょうゆを薄く色づく程度に入れ、煮立ってから3〜4分煮る。
3　冷ましてから、煮汁ごと1回分くらいずつ小袋に分けて、冷凍保存。

＊

薄口しょうゆで塩分を加えることで味が変わりにくく、そのまま解凍して使うことができます。翌年、また新物が出るまで、牛肉のしょうゆ煮、うなぎのうま煮、小いわしの辛煮、あゆの甘露《かんろ》煮などに重宝。

木の芽の佃煮

○材料
木の芽‥‥中くらいのポリ袋にいっぱい手に入ったときに(少量では作りにくい)。
しょうゆ、砂糖、酒‥‥各適量

○作り方
1　湯の2〜3割のしょうゆを加えてゆでる(熱湯でゆでるとしょぼんとなったり、小さくなってしまう)。
2　ゆでたら、ざるに上げて、ゆで汁をきる。
3　鍋に木の芽としょうゆ、砂糖、酒を加えて炒りつけて煮上げ、冷ます。

すし飯は一人分でも手軽に作れます

すしをおいしく作るために、まず大切なのは合わせ酢です。私は〈すし酢〉を合わせて作っておき、常温で保存しています。

米酢、砂糖、塩を混ぜ合わせるだけですから、何も難しいことはありません。砂糖の分量が多いので火にかけて溶ければよいのです。火加減は中火以下にして混ぜながら溶かし、火の当たりをやさしくすることだけ気をつけてください。火が強いと鍋肌の酢に傷がつきますし、香りがとんでしまうので、決して煮立ててはいけません。酢というのは香りが命なのです。

木じゃくしで混ぜながら溶かし、溶ければすぐに、元の酢の入っていた瓶《びん》に戻します。酢はたいてい五合瓶ですから、入らない分は別の容器に入れて使ってくださいね。瓶に入れたらすぐにふたをして、素早く瓶ごと水に沈めて流水に当てて冷やします。これも、酢の香りを逃がしたくないからです。

こう聞くと、酢のことが気になってくるでしょう？　酢はメーカーによって酸の強さや風味がまったく違いますので、好みのものでよいですが、塩の入っていない純粋なものを選んでください。ちなみに私は〈すし酢〉を作るときの酢は、ミツカン酢やタマノイ酢の純米酢を使っています。

さぁ、〈すし酢〉さえ作っておけば、いつでもおすしをいただけますよ。〈すし酢〉はそのつど温める必要はありません。炊きたてのご飯に瓶から直接ふればよいのです。だから一人分でも手軽に作れるんです。

以前はすし飯を炊くときに昆布を入れ、みりんでうまみを加えていましたが、今では味が重く感じてしまいますので、これも不要です。何も入れないほうが〈すし酢〉の風味が生きておいしくなります。手をかけすぎない、味を加えすぎないほうが、逆においしくなることも多いのです。

すしいろいろ

すし飯ができれば、あとは具と合わせればよいですね。

簡単にすませるならば魚介のお刺身を買ってきて、すし飯の上に彩り良くのせ、しそなどの香りを添えて、〈酢れんこん〉を飾って……。〝魚介ずし〟のできあがりです。これなら一人分でも手軽に楽しめますね。

桃の節句の頃には、蛤やあさりのおすしはいかがでしょう。貝を酒蒸しにして身を取り出し、身を小さく刻んですし飯に混ぜ込み、小さくまとめて蛤の殻に詰めます。表面に黄身のそぼろや、市販の鯛のでんぶ、青のりをまぶして、アッという間に愛らしい〝ひなずし〟の完成です。

たっぷりのせり、三つ葉をボイルして刻み、水けをしっかり絞ってから、すし飯に混ぜ込みます。ここに鯛などの白身魚を焼いて身をほぐしたものを加え、粗く刻んだ〈酢れんこん〉もどっさりと。さらに木の芽を刻んで加えれば、香り高い〝春菜ずし〟のできあがり。焼いた魚の身をほぐして入れることでうまみが出て、すしが一層おいしくなりますよ。

人が集まるときのお料理としてすしがよく作られるのは、分量が多くても一度にたくさん作れるうえに、こうして季節のものをいろいろと混ぜられるからでしょう。

おすしの具は無限です。あぶったうなぎでも、網焼きにした牛肉でも混ぜ込むことができます。アクセントの〈酢れんこん〉の代わりに、きゅうりのピクルスなどを細かく切って加えてもよいのです。難しく考えず、すしは自由な発想で作ってよいお料理です。色とりどりも楽しいし、ゆでた春野菜だけの緑のおすしもしゃれています。何でも入るところから、すしはまるでサラダのように考えられます。私が修業をしたフランスでは米は野菜ですから、まさにサラダで、おすしが流行るのも理解できますよね。

春菜ずしやサラダのすしでは、混ぜ込む具は、ご飯と同量ぐらいたっぷり加えます。これでサラダ感覚の軽やかなおすしができあがります。

酢れんこん

○材料
れんこん····50g
家庭だし····⅓カップ
三杯酢····⅓カップ

○作り方
1 れんこんは皮をむき、ごく薄い輪切りにし、水に放してあく抜きをする。
2 1の水けを拭き、家庭だし、三杯酢とともに鍋に入れて火にかけ、ひと煮立ちしたら火を止め、冷ます。

＊

三杯酢は、米酢1カップ、砂糖大さじ3、塩、薄口しょうゆ各小さじ1の割合で作ります。

家庭だしは127ページ参照。

すし酢

○材料
米酢····450㎖
砂糖····300g
塩····45g

○作り方
1 鍋に材料をすべて入れて、中火以下にかけ、木じゃくしで混ぜながら砂糖、塩を溶かす。
2 1の合わせ酢をすぐに漏斗《ろうと》を使って、元の酢の瓶に戻し入れる。ふたをして水につけ、さらに流水に当てて冷ます。
3 冷めたら、間違わないようにすし酢と書き込み、作った日を記す（常温で半年は大丈夫）。

幸せの黄色い薄焼き卵

寒いときにはジッと動かずに我慢していた鶏も、暖かくなれば活発に動き始めて、食欲も旺盛になります。青々とした草の新芽をたっぷり餌《えさ》にした鶏の卵は、味も栄養価もグンと上がります。卵は春が旬なのです。

おひな祭りや入学式、ハレの日のおすしに欠かせないのが〈錦糸卵〉ですね。ご存じでしょうか。〈錦糸卵〉の黄色をひと色濃くすれば、より印象的になります。私の〈錦糸卵〉は「どうしてこんなに卵の色がきれいなの？」と、いつも見慣れたものだけに、みなさんに驚かれます。なんてことはない。みなさんが卵1個で作るところへ、卵黄1個分を余計に加えているだけです。これをするとしないでは大違い。混ぜ合わせた卵液を、焼く前に一度こしておくのが、色鮮やかに仕上げる秘訣《ひけつ》です。

〈錦糸卵〉をごく細いせん切りにするのであれば、切る前の薄焼き卵は、〝強めの火〟で短時間でサッと焼き上げます。油をなじませた卵焼き器に、卵液を少しつけた箸先を当ててみて、音もせずに卵が固まる程度の温度が理想的。チュンと、高くて痛い、い、ような音がすれば、鍋の温度が高すぎなのでぬれぶきんの上に置いて冷ますとよいでしょう。

薄焼き卵は薄ければ良いというわけでもなく、豆ご飯などには厚い薄焼き卵のほうが断然合います。厚めに焼いた薄焼き卵を5~6㎜角の小さめの色紙切りにしてご飯に散らせば、豆の緑とマッチして春らしい色合いになり、なかなか可愛らしいものですよ。

厚めに焼くときは、卵焼き器を弱火で温め、卵液を流してからも〝弱火〟で両面を焼くこと。弱い火で焼くと、卵は一層濃い黄色になってくれるんです。

錦糸卵

○材料
卵····3個
塩、サラダ油····各適量

○作り方
1　卵は塩少々を加えてよく溶きほぐし、こし網を通す。
2　フライパンにサラダ油を薄くひき、火にかけて温める。
3　卵液のついた箸の先をフライパンにつけてみて、卵が静かに固まればOK。温度が上がりすぎたら、ぬれぶきんの上で温度を下げる。温度が上がりやすいので、1枚焼くごとにぬれぶきんにのせるといい。
4　フライパンに玉じゃくし1杯分の卵液を入れてぐるっと回し、卵の膜ができたら、余った卵液はボウルに戻す。
5　強火で火を通し、短時間で焼く。表面が乾いてきたら、菜箸を卵の下に通し、持ち上げて返す。返したら、1つ数えるくらいですぐに巻きすにのせる。
6　4~5㎝幅の帯状に切って重ね、端から細いせん切りにする。包丁で上から叩くように切ると、きれいに切ることができる。

ふわふわ卵のおつゆ

おすしにしても、おせち料理にしてもそうですが、日本の料理には冷めてもおいしくいただけるものがたくさんあります。

そして、そのときに大事なのが、熱い汁物を添えること。冷たいものがあり、温かいものがある。そのバランスで人は豊かさを感じ、「おいしい」「もてなされた」という思いを強くするのです。おすし屋さんの握りずしをとったようなときにも、手製のおつゆが添えられれば、それだけで、もてなしてくださる方の心が伝わってくるものです。

簡単で誰にでも喜ばれる、おつゆを紹介しましょう。卵さえあればできる二品です。

まずは〈かきたま汁〉。おすしによく合います。すまし汁を作り、とろみをつけて、卵を加える。この3ステップで簡単にできますが、ふわりと柔らかい〈かきたま汁〉を作るには、ちょっとした注意が必要です。

家庭だし（127ページ）を塩、薄口しょうゆで味つけして、おすましを作ります。火を弱めて煮立ちを抑えたところへ、お玉で混ぜながら水溶き片栗粉を加え、とろみをつけます。次に卵を流していきますが、このとき、一度にどぼりと入れてしまわないこと。だし汁が少し煮立ったところへ溶き卵を少量流し、様子を見る。だし汁がまた少し煮立ってきたら、次の溶き卵を加える……というふうに、3～4回に分けて加えるのがポイントなのです。だし汁は熱くても、冷たい卵を入れるわけですから、どぼりと一度に加えてしまっては温度が下がって、だしが濁ってしまうわけです。だしの煮立ち方を見ながら卵を加えれば、ふわりと空に浮かぶ雲のように、柔らかく仕上げることができます。

もうひとつの卵のおつゆは〈鶏卵汁〉。ご存じですか？〈かきたま汁〉と同様に、すまし汁に水溶き片栗粉でとろみをつけます。次に溶き卵を加えるときに、もっと強火にしてだし汁を煮立てます。それから卵を2～3回に分けて加え、そのつど泡立て器でぐるぐる混ぜて卵をごく細かくします。さらによく煮立てば、完全に煮汁が澄んできます。これが〈鶏卵汁〉。ほんのちょっと作り方を変えるだけで、目先の変わった〝かきたま汁〟を楽しむことができるのですから、二つとも覚えておいて損はないですよ。

いずれのおつゆも、とろみをつけることで冷めにくく、熱々を出すことができる点も魅力です。

鶏卵汁

○材料（4人分）
卵････2個
家庭だし････3½カップ
塩････小さじ1
薄口しょうゆ････小さじ½
水溶き片栗粉
　片栗粉、水････各大さじ1

○作り方
1　片栗粉と水を混ぜ合わせて、水溶き片栗粉を作る。卵は溶きほぐす。
2　鍋にだし汁を煮立て、塩と薄口しょうゆを加えて味をととのえる。煮立ちをとめて、水溶き片栗粉でとろみをつける。
3　**2**の汁が再び煮立ったところへ、溶き卵を流し入れ、泡立て器で手早く混ぜて火を通し、きめの細かい卵汁に仕立てる。2～3回に分けて卵を加える。

かきたま汁

○材料（4人分）
卵････2個
家庭だし････3½カップ
塩････小さじ1
薄口しょうゆ････小さじ½
水溶き片栗粉
　片栗粉、水････各大さじ1

○作り方
1　片栗粉と水を混ぜ合わせて、水溶き片栗粉を作る。卵は溶きほぐす。
2　鍋にだし汁を入れて温め、塩と薄口しょうゆで味つけする。火を弱めて、だし汁を混ぜながら、水溶き片栗粉を入れてひと煮立ちさせ、とろみをつける。
3　**2**の煮立った汁に卵を箸に伝わらせながら入れ、半熟状に火を通す。3～4回に分けて加える（青ねぎなどを加えてもよい）。

卵は半熟がおいしい

好きな黄色の景色を思い浮かべてみると……。とろとろの親子丼。カリカリベーコンに添えられた、黄身がソースのような朝のゆで卵。そういえば、京料理の〝瓢亭卵（茶懐石料理店「瓢亭」名物のゆで卵。黄身にしょうゆを一滴たらして供される）〟も〈半熟卵〉の半切りです。うどんやそばに落とした生卵の、白身に余熱で白く火が通ってきたところを、つぶすべきか、ひと口でつるんと食べてしまうべきか、いつも迷うのは私だけでしょうか。

東京・築地にある喫茶店「センリ軒」は、私が仕入れのときなどによく立ち寄る店です。ここの看板メニューは半熟卵入りのクリームシチュー。野菜が少し入ったチキンポタージュの真ん中に、半熟の卵をポトンと落としてあります。これをスプーンで割って、とろりと流れ出た黄身や白身と一緒にシチューを口に入れると、なんともなめらかで嬉しくなるおいしさで。朝から半熟の卵は元気になりそうですし、柔らかな口当たりの卵の魅力にはまっているリピーターが多いようです。

このアイディア、実は私も「センリ軒」のご主人に断って、春の緑色のえんどう豆スープに半熟卵を落とすレシピに応用させていただいたんですよ。

卵は半熟がおいしい。そう思うでしょう?

半熟卵がきちんと作れれば、それだけでお料理の幅が少し広がった気持ちがします。半熟卵は簡単な洋風料理のソースの役割も果たしてくれます。焼きたてのサーモンのソテーの上に、フレッシュなハーブを散らして半熟卵をのせ、溶かしバターをかければ、なかなかかっこいいお料理になります。食べるときに卵をつぶして、ソースとして召し上がってください。半熟卵のソースは、鶏の胸肉のソテーなどにも合うと思います。

スコッチエッグの卵が半熟だったら、ちょっと魅力的ですよね。半熟卵に薄力粉をまぶし、赤身の牛の肉だね(154ページのハンバーグのたねと同様に作ります)をまわりにそっとつけて、小麦粉、溶き卵、パン粉をまぶして揚げるんです。割ったときに、うまく半熟のままであれば、家族は驚き、ちょっと嬉しい気分になるはず!

まずは半熟卵をおいしく、上手に作れるようになってください。

半熟卵

○作り方

1　冷蔵庫に入れてあった卵は、水につけて常温に戻す。

2　鍋に卵を入れ、卵が充分にかぶる程度の水を入れ、水からゆでる。

3　沸騰してから正確に4分、卵を転がしながらゆで、冷水にとる。

4　完全に冷めた卵を、水の中で殻をむく。

＊

両端を少し落としてすわりを良くし、絹糸をくるりと回して素早く引き抜いて卵を切ると、切り口がきれいに仕上がります。

自慢のフレンチトースト

半熟卵の魅力のついでに、自慢の〈フレンチトースト〉をご紹介しましょう。まわりはカリッと甘く香ばしく、中はふっくらもっちりと柔らかくて……かなりのものだと思います。

よく卵液にパンを一晩つけるといいますが、そんな必要はありません。コツは最初に、砂糖を溶かした牛乳にパンを浸すこと。これが〝呼び水〟となって、次につける溶き卵をよく吸ってくれるんです。

最初はふたをして、両面をじっくり蒸し焼きにします。これが「ふっくら、もっちり」を作るステップ。次に砂糖とバターをふりかけて、溶けた砂糖がキャラメル状になって、バゲットの表面が少しカリッとするぐらいに焼き上げる。これが「カリッと甘く香ばしく」を作るステップです。

休日のブランチに、いかがでしょう。ぜひ、作ってみてください。

フレンチトースト

材料（1人分）
バゲット‥‥¼本
A┌牛乳‥‥カップ½
　│砂糖‥‥大さじ⅔
　└溶き卵‥‥大1個分
バター‥‥20g
B┌グラニュー糖‥‥大さじ2
　└バター‥‥10g

○ 作り方

1　バゲットは3cm厚さに切る。Aの牛乳と砂糖を混ぜ合わせてバゲットを浸し、2〜3回返して牛乳をパンに含ませる。

2　**1**に溶き卵を加え、バゲットを返しながら含ませる。

3　フライパンにバターを熱して、**2**を入れ、ふたをして中火でじっくり焼く。焼き色がついたら裏返してふたをし、両面を5〜6分かけてゆっくり焼く。

4　ふたをあけて、バゲットにBのグラニュー糖をふりかけ、バターを加えて溶かす。バゲットを箸で転がしながらキャラメル状に溶けたグラニュー糖を全体にからめ、バゲットの表面が少しカリッとする程度に焼いて器に盛る。

*

好みでベーコン、ソーセージなどを添える。

家庭で楽しむ新たけのこのレシピ

「吉兆《きっちょう》」など超一流の料理屋で、春の炊き合わせといえば必ず、〝若竹煮〟が出されます。毎年この季節には若竹煮と決まっていて、「もっと違う料理にしてもよいのに」と修業中の私は思ったものです。後年気づいたのですが、長い年月、変わらずに若竹煮を出す理由は……たけのこ料理はいろいろあっても、これ以上の料理はなく、若竹煮にとどめを刺す——からなのでした。しかし、この料理を本当においしく味わうためには、春たけなわ、関西の早朝の市場で、高値で取り引きされる朝掘りたけのこに限ります。

ですから家庭ではたけのこを、さまざまな調理法で存分に味わったほうがいい、というのが私の考えです。

まずはなんといっても、〈たけのここご飯〉でしょう。小さなたけのこ一本で、家族みんなで春の気分を味わえますね。炊き込みご飯は、具をどのぐらいの大きさに切るかによって、そのお料理の印象がガラリと変わるもの。秋のさつま芋ご飯や栗ご飯などは、やはり大きめの具でその存在を主張させてやったほうが、楽しくいただけると思います。その意味でたけのこも、長いこと台所に立つ間には、大きめに切ってみたこともありました。しかし、おいしいのはやっぱり、小さめに切ったほうなのです。ご飯と一緒にひと口で入れられるサイズがよいというのが、私のたどりついた結論です。

おいしく作るコツは、1㎝四方の薄切りにしたゆでたけのこをペーパータオルで包んで、両手でぎゅっと握るようにして水けを絞ってから、ご飯と合わせること。水っぽさが取れると同時に、たけのこの繊維がつぶれて、良い香りが立ちます。味にムラが出ないように、調味料をあらかじめ加えただし汁を鍋中の米に注ぎ、その上にたけのこ、油揚げを入れて炊き上げます。

次のおすすめは〝たけのこの直火焼《じかび》き〟です。ゆでたけのこを食べやすく切り、しょうゆに浸してから魚焼き網で焼くシンプルなお料理ですが、香ばしく焼いたたけのこの甘みがたまりません。たけのこの横で、たれにつけた牛肉も一緒にカリッと焼いて、ともに器に盛り合わせてみてください。木の芽を包丁で叩いてパッと散らせば、簡単でも最高の春のごちそうです。

珍しい料理を教わりました。〈たけのこのクリーム煮〉といって、立派な洋館にお住まいの、品の良いおばあちゃまのレシピです。

ゆでたけのこを食べやすく切り、家庭だし、薄口しょうゆ、塩で薄味に煮ます。これにホワイトソースを加えて軽く煮込み、木の芽を添えていただくのです。和と洋の合わさった、なんともハイカラな味わい。ご飯のおかずに合いますが、私はこれをパスタに仕立てたりもして楽しんでいます。

たけのこのゆで方

新物のたけのこはゆでた状態でも売られていますが、ゆでたてのものと時間のたったものでは、別ものと思うほど味わいが違います。せっかく四季のめぐる日本に暮らしているのですから、ご自分でゆでて、春を味わおうではありませんか。一年で今の季節だけのおいしさです。

たけのこは鮮度が身上。買い求めたら、できるだけ早くゆでてしまいましょう。元気に勢いよく伸びたたけのこは、いったん根を切られたあとは、生命力が強いだけに、鮮度の落ちるのも驚くほど早いものです。

大きなたけのこの場合は穂先を斜めに切り落とします。小さいものはそのままでも結構です。身を傷つけないよう深さを気にしながら、皮に縦に1本切り目を入れます。これはゆでてから、皮をむきやすくするためです。

大鍋にたっぷりの湯を沸かし、米糠《こめぬか》を1カップほど溶き入れ、赤唐辛子2～3本とたけのこを入れます。落としぶたをして強火にかけ、煮立ったら、ふきこぼれない程度の弱火にして、煮立ってから1時間を目安にゆでます。

火を止めたら、そのまま冷めるまでおき、冷めたら洗って皮をむきます。そして食べるまで水にさらしておきます。こうしておけばあくは出ません。保存する場合は水を替えて、水につけたままで冷蔵庫におき、ときどき水を替えてください。

たけのこご飯

○材料（4人分）
米‥‥2カップ
新たけのこ（ゆでたもの）
‥‥200g
油揚げ‥‥1枚
家庭だし‥‥洗い米と同量（約2⅔カップ）
塩‥‥小さじ1
しょうゆ‥‥大さじ1

○作り方

1　米は炊く30分～1時間前に洗って、ざるに上げる。

2　たけのこは1㎝四方の薄切りにし、ペーパータオルでぎゅっと水けを絞る。油揚げはみじん切りにする。

3　炊飯器に**1**を入れて、調味料を加えただし汁を注ぎ、**2**を加えてふつうに炊き上げる。

たけのこの
クリーム煮

○材料（4人分）
新たけのこ（ゆでたもの）‥‥150g
マカロニ‥‥100g
ホワイトソース
- 小麦粉‥‥40g
- バター（無塩）‥‥40g
- 牛乳‥‥2カップ

グリュイエールチーズ（おろす）‥‥適量
塩‥‥適量
木の芽‥‥適量

○作り方
1　たけのこの先は半割りにして3〜4㎜厚さに切り、元は4〜5㎜厚さの輪切りにし、さらに3つに切る。
2　鍋に湯を沸かして塩を加え、表示を目安（約8分）にしてマカロニをゆで始める。
3　ホワイトソースを作る。鍋にバターを溶かして小麦粉を一度に入れ、手早く混ぜてルウを煮立て、小麦粉に火を通す。絶えず混ぜながら牛乳を少量ずつ加えてのばし、塩少々で味をととのえる。
4　**3**のホワイトソースに、**2**のマカロニとたけのこを加え、おろしチーズを加えてざっくりからめて器に盛る。木の芽を添えて、熱々をすすめる。

＊

ゆでてから少々時間がたったたけのこは、だしで煮て薄味をつけてから、クリーム煮にすると美味です。

春野菜をミディアムレアで

柔らかく、美しく、みずみずしい春野菜が、マーケットや八百屋さんにいっぱい並んでいます。さぁ、野菜を食べようではありませんか。野菜はゆでるよりも蒸すほうが味が濃くなります。そして、加熱した野菜は水にとらないほうが水臭くならず、ずっとおいしいのです。

そこで、私がおすすめしたいのが〈ホットサラダ〉なんです。

わずか3分でできます。蒸し器や電子レンジは使いません。きちっとしたガラスぶたつきの、フッ素樹脂加工のフライパンひとつで作ります。このタイプのフライパンをお持ちでなければ、ぜひひとつ手に入れていただきたいと思うほど（理由は176ページにもあります！）、このサラダは簡単でヘルシーでおいしいのです。

〈ホットサラダ〉に向く野菜はグリーンアスパラガス、さやえんどう、いんげん、セロリ、そら豆、ラディッシュ、春かぶ、新玉ねぎ、紫の新玉ねぎ、ズッキーニ、サラダ菜などなど。〝生で食べられないこともないけれど、生ではちょっと食べにくい〟野菜を選ぶのがポイントです。ゆえに新物でも、じゃが芋などはここには含まれません。それぞれの野菜を大きめに食べやすく切り、ラディッシュは切らないで丸ごと使います。いかなどの火の通りが早い魚介類や、厚切りのベーコンを一緒に入れれば、これだけで素敵なランチになります。

作り方はものすごーく簡単ですよ。フライパンに水を⅓カップほど注ぎ、いかや厚切りのベーコンなどと固めの野菜を入れて、オリーブオイルをサッと回しかけます。ふたをして、煮立ったらさらに1分ほど蒸すと、蒸気が鍋に充満してふたの隙間からもれ出してきます。そうしたらサラダ菜など火の通りやすい野菜を入れて、再び蒸気がもれ出すまで、ふたをして30秒ほど蒸しゆでにします。これで完成です。

できたてを食べてみてください。ちょっとコリッとした生の部分もあり、ほくっと柔らかく火の通った部分もあり。さまざまな火通りの、さまざまな野菜のおいしさが渾然《こんぜん》となって、なんとも魅力的なサラダでしょう！　ミディアムやレアといったお肉の焼き具合のように、野菜も火の通り加減によって、こんなに味わいが違うものかと楽しくなります。

ごく少量の湯が煮立ったところへ野菜を入れ、密閉度の高いふたをすると、圧力がかかってフライパンの中を蒸気がさかんに循環します。この蒸気で野菜を蒸すのが、〈ホットサラダ〉の〝蒸しゆで〟という調理法。野菜の栄養や甘みを逃がさぬ調理法です。〈ホットサラダ〉は色とりどりの野菜が入るので、見た日にも美しく、おもてなしにも向きます。ソースはなんでも合いますが、しょうゆ風味のドレッシングをかけて、お箸でいただくのが、私には一番おいしく感じられます。

春野菜のホットサラダ
ポーチドエッグ添え

○材料（4人分）
グリーンアスパラガス（太め）····3本
ラディッシュ····2個
新玉ねぎ····1個
ズッキーニ····1本（150g）
そら豆（さや付き）····10個
小かぶ····2個
熱湯····⅓カップ
オリーブ油····大さじ1
塩····適量
ポーチドエッグ····3個
ドレッシング
薄口しょうゆ····大さじ2
オリーブ油····大さじ4
酢····大さじ1

○作り方
1　アスパラガスは根元の固い皮をむき、2つに切る。ラディッシュは葉の汚れを取る。新玉ねぎは2つに切る。ズッキーニは皮をところどころむき、食べやすく切る。そら豆はさやから取り出し、切り込みを入れる。小かぶは皮をむき、2つに切る。
2　フライパンにすべての野菜、熱湯、オリーブ油を加えて、軽く塩をし、ふたをして強火で2〜3分ほど蒸し煮にする。
3　**2**の野菜を皿に盛り、ポーチドエッグ、合わせたドレッシングを添える。

○ポーチドエッグの作り方
　鍋に5cmくらいの湯を沸かし、塩小さじ1を加えて、煮立ちを止めたところに、卵を割り、そっと流し入れ、半熟に火を通す。箸で白身が黄身を包むようにし、鍋を少々傾けて鍋の隅に卵が寄るようにしながら形をととのえる。

大人気のアスパラご飯

手前味噌になりますが、私の〈アスパラご飯〉というレシピは、すごく人気なんです。どうってことのないお料理ですが、実際に作ってみた人はみんな、「素晴らしくおいしいですね!」と驚いてくれます。そして、ご自分の家の定番にしてくださる。

簡単なんです。小さく切って、フライパンで直炒《じかいた》めして塩をふったアスパラガスを、炊きたてのご飯に混ぜるだけなんですよ。コツも何もないです。でもおいしい。さりげなくおいしい。炒めたアスパラの香ばしさと甘さ、ほどよい歯切れが、ご飯とよく合うのです。

ふつうに炊いたご飯でもよいですが、昆布だしで塩味をつけて炊くと、一層うまみが増します。もみのりや錦糸卵をあしらえば、おもてなし料理にランクアップします。

もちろん、旬のアスパラガスで作るのが、最高においしいです。鮮度の良いアスパラは皮をむかなくても根元まで柔らかく食べられるのが嬉しいですね。大きく育ったり、鮮度が落ちたものは、元のほうから固くなってきます。ポキッと折れた下のほうは固いので捨て、さらに根元のほうの皮をむくと食べやすくなります。

ちなみに、絹さや、えんどう豆、そら豆など、アスパラと同じくあくの少ない春の野菜は、下ゆでせずにそのまま炒める〝直炒め〟がおすすめです。そのほうが素材の味を強く感じる。なんというか、存在感が増すのです。

あれこれ加えずに、絹さやだけを単品で香ばしく炒めて、塩、こしょうのシンプルな味つけにした一皿は春のごちそうです。あるいは薄皮をていねいにむいたそら豆ばかりを少々のオリーブオイルで焼きます。フライパンをあまり動かさずに焼き目をつけて、頬を染めるくらいになれば返して焼き、火を通します。小さな器に三粒だけ、あるいは中鉢に軽く盛りつけて。こんなごちそうが、出盛りの少し前に出てきたら、なんとも粋ですよね。

直炒めの青い野菜で、春を満喫してください。

アスパラご飯

○材料（4人分）
米‥‥2カップ
昆布だし‥‥2½カップ
グリーンアスパラガス
‥‥200〜300g
塩‥‥適量
サラダ油‥‥適量

○作り方
1 米は洗ってざるに上げ、30分ほどおいてから昆布だし、塩小さじ½を加えてふつうに炊く。
2 アスパラガスは根元の固い皮はむき、1〜2㎝の長さに切る。
3 フライパンに油を熱し、アスパラガスを焼き色をつけるように炒め、塩で味をととのえる。
4 炊きたてのご飯にアスパラガスを加え、混ぜ合わせる。

「サラダ上手」と言われるサラダ

二十代初めに修業をしたフランスでは、実にいろいろなことを学びました。中でもサラダ作りは、私にとってものすごいカルチャーショックでした。ビストロでも三ツ星レストランでも、サラダの準備はたいてい、私のような新米の仕事でした。

ビストロで働いていたときの、サラダ作りはこんな感じです。

洗い場の大きなシンクに水をため、数種類の野菜を適当な大きさに手でちぎって、水に落としていきます。その間に隣のシンクにも水を満たし、熊手のように両手を使って、野菜をシンクからシンクへ移します。水を入れ替えてはこれを繰り返し、きれいに土を落として洗い上げるのです。

次は洗った野菜の水きりです。どうすると思いますか？　持ち手のついたサラダバスケットに野菜を入れると、店の外に出ていき、腕を思いっきりぐるぐる回して水をきるのです。遠心力で、結構水がきれるんですよね。さらに乾いたタオルで包むようにして拭き上げるのは、さすが生野菜の国。野菜はふたつきの容器に入れて冷蔵庫にしまっておきます。

サラダとはこのようなものと思い込んだ私が、高級店で修業を始めると、サラダ作りの違いに驚かされました。

まず、高級店ではサラダの野菜を市場では買いません。近所の農家で、その日に使う分だけの葉を摘んでくるのです。レタスのような球になった野菜は、内側の柔らかいところだけしか使いません。外側のごわごわしたところは全部、ウサギや鶏の餌にしていました。

葉のちぎり方もうるさく注意されます。ちぎった葉が一枚一枚美しく見えるようにしなければならないのです。これはセンスが問われますよ。フランスではサラダは自然の恵みで皿の上に描く、絵のような感覚なんです。適当にちぎって皿に盛っただけでは、それこそ〝ウサギの餌〟と言われてしまう。

慎重に洗って、野菜を水から引き上げたあとも、決して振り回したりしません。乾いたふきんを贅沢《ぜいたく》に使い、野菜を傷つけないように注意しながら、一枚一枚広げて並べていきます。そして上からもう一枚のふきんを重ね、やさしくやさしくなでるようにして、野菜の水けを取るのです。「サラダの葉を折り曲げてはいけない！」と、また注意を受けながら、一枚一枚拭き上げたとびきり上等のサラダ野菜たちは、確かに宝石のように輝いていました。

土井家のサラダ

フランスのビストロや高級店で、下っ端の私が準備していたサラダの野菜は、〝サラダベース〟というものです。ベース、つまり、サラダの骨格となる野菜のことで、量もたっぷり用意します。〝サラダベース〟にはサラダ菜、レタス、サニーレタス、エンダイブ、トレビス、クレソン、サラダほうれんそうなどが向きます。

私はサラダを作るとき、ベースとなる野菜を一種類だけでなく、そのときの気分で色合わせをしながら数種類組み合わせています。薄緑のレタスなどの野菜に、クレソンの濃い緑を合わせてグリーンの濃淡でシックにまとめてみたり。赤いトレビスで色を加えてみたり。盛りつけたときに立体的になるように、パーマを当てたような葉っぱのエンダイブを選んでみたり。

アクセント的に少量使う野菜もあります。ボート形をしたチコリの芯の白いところは歯切れが良くて、私の好みです。ほうれんそうがあれば、いちばん内側の小さな葉は柔らかくて生でもおいしいですから、サラダに入れます。セロリの株の芯のほうは、小さくて柔らかで可愛らしいですから、あえて葉をつけたままの姿で使います。

サラダの野菜は包丁を使わず、必ず手でちぎるのが決まりです。サラダ野菜は金気《かなけ》を嫌いますし、手でちぎったほうが表情が出ますから。それぞれの姿を楽しみながら手でちぎり、氷水に落としていきます。どの野菜をどれぐらい使うかは、全体のバランスを見ながら調整するといいでしょう。水に落とした〝サラダベース〟を両手ですくい上げたとき、「きれいだな」と思えるバランスが良いのです。

そして大事なのは水きりです。まず、野菜をざるに上げて軽く水けをきります。次に乾いたふきんに野菜を広げて、上からもう一枚のふきんをかぶせ、野菜を傷つけないように、ふわふわと水分を拭き取ります。そう、フランスの高級店で学んだテクニックですね。

ここまでを早めにやっておき、乾いたふきんを敷いたプラスチック容器に野菜を入れて、ふたをして冷蔵庫に入れておけば……。食事どきにはほどよく冷えて、水けを適度に含んでいるからシャキッとして、色も形も本当にきれいなサラダを出すことができるのです。あとは〈ドレッシング〉をからめるだけです。

サラダにここまで手をかけるなんて、と思われますか? いやいや、だまされたと思って一度、ていねいなサラダ作りを体験なさってください。その別格のおいしさを知れば、いつもとは言わないまでも、人が集まるときや特別な日に、とびきりのサラダを用意したくなることでしょう。だって、「このサラダ、全然違う!」って言われること間違いなし、なのですから。

ご飯にも合うドレッシング

○材料
薄口しょうゆ‥‥大さじ1～2
オリーブ油‥‥大さじ3～4
酢‥‥大さじ1～2

薄口しょうゆ:オリーブ油:酢が、1対2対1の割合が基本。薄口しょうゆの入ったドレッシングは泡立て器で混ぜるだけで乳化する。好みでマスタード大さじ1強を加えてもよい。

春と夏の間のレモン

若葉が茂り、さわやかな風が吹く頃になると、お料理も清涼感のあるものが喜ばれます。レモンが活躍してくれるのも、そんな季節。フライや焼き魚に絞ったり、サラダのドレッシングに加えたりするだけで、いつものお料理がフッと軽やかになります。

レモンの絞り方にもいろいろあります。半割りにして、いきなりガラス製のレモン絞りに押さえつけて絞る。あるいは、くし形切りにしてぎゅっと絞る。いつもどうされていますか？

レモン汁を残さずしっかり絞りきりたいからといって、あまり強く押さえつけると、皮の白いところの苦みが入ってしまう……。これをレモンの味と思われている方も多いようですが、苦みの混じったレモン汁と、上手に絞ったレモン汁は、ひと味もふた味も違うのです。

それでは、レモンをおいしく絞る方法をお教えしましょう。

絞る前にレモンをテーブルに置いて、手のひらで押さえて転がし、まずはレモンの中で果汁を出してしまうのです。押さえるときに、ほどよく体重をのせてもよいでしょう。

転がしていますと、レモンが柔らかくなってきます。そうなったら半割りにして、ぎゅっと絞ります。ほら、無理なくたっぷりの果汁を絞りきることができるでしょう? 苦みのない、すっきりした酸味のレモン汁は甘みさえ感じるおいしさです。

上手に絞ったレモン汁で〝レモンおろし〟はいかがですか。大根おろしの水けを軽くきり、レモンと塩だけで味つけします。今の季節なら、きゅうりと、ほぐしたあじの干物を〝レモンおろし〟で和えると、さっぱりとおいしい一皿ができますよ。白身の刺身を和えるのも良し。グレープフルーツの果肉をほぐして、レモンおろしで和えるのもおすすめです。

また、しょうゆと煮きり酒を同量で割ったところへレモン汁を加えると、とってもおいしい〝レモンポン酢〟ができます。こちらは冷やしゃぶ、ステーキ、冬場は鍋物のたれにどうぞ。

レモンの味のごちそうサラダ

レモン汁のおいしさを味わう、とびきりのサラダをご紹介しましょう。

ヘルシーな〈タイ風サラダ〉です。たっぷりの生野菜をタイ風のドレッシングで和えて、カリッと焼いたビーフステーキやチキンソテーの上にのせ、食卓で混ぜていただくお料理です。これは特に男性に人気なんです。ボリュームとこくがあって、おいしいですからね。

ドレッシングは油をまったく使わず、レモンの絞り汁が主体となります。これに、レッドペッパーで辛みを加え、ナンプラーで塩けとうまみをプラス。砂糖のまろやかさを加えることで、全体にまとまりのあるドレッシングができます。

野菜はきゅうり、玉ねぎ、セロリ、万能ねぎ、トマトなど、生で食べておいしいものなら何でも。それぞれ、歯切れが楽しめるように3㎜程度の厚さに切り、先のドレッシングで和えます。そして、焼きたての熱いビーフやチキンにのせて、一緒に混ぜていただくんです。

メインディッシュにもなる、さわやかなサラダ。レモンのうまみが陰の主役です。

タイ風サラダ

○材料（4人分）
鶏もも肉‥‥2枚
　塩、ナンプラー‥‥各適量
サラダ油‥‥大さじ½
新玉ねぎ‥‥½個
セロリ‥‥1本
きゅうり‥‥200g
レッドパプリカ‥‥½個
万能ねぎ‥‥4〜5本
トマト‥‥1個
香菜‥‥1束
タイ風ドレッシング
　ナンプラー‥‥大さじ1〜2
　レモン汁‥‥1〜2個分
　レッドペッパー‥‥小さじ1
　にんにく（みじん切り）‥‥1〜2かけ
　砂糖‥‥小さじ1〜2

○作り方
1　鶏もも肉は厚みに切り込みを入れて開き、塩、ナンプラーをふり、10分ほどおく。
2　新玉ねぎ、セロリ、レッドパプリカは2〜3㎜厚さの薄切りにする。きゅうりは縦2つに切り、2〜3㎜厚さの斜めの薄切りにする。万能ねぎ、香菜は4㎝長さに、トマトは食べやすく切る。
3　ドレッシングの材料を混ぜ合わせる。
4　フライパンにサラダ油を熱して、**1**の鶏もも肉を皮目を下にして入れる。焼き色がつけば返してふたをし、弱火にして約5分蒸し焼きにし、火を通す。
5　**2**の野菜をドレッシングで和える。**4**の鶏肉を食べやすく切って大皿に盛り、野菜をざっくりのせてすすめる。

夏は酢の味。冷たいお料理。
すっきりとしているもの、
元気が出るものを食べましょう。

なすを味わい尽くしましょう

夏の強い日差しに水分を奪われた畑の野菜。葉はしおれ、もうこのまま枯れてしまうのではないかと思うほど、しょんぼりしている。ところが、ひとたび夕立にあえばシャンとして、みるみる元気を取り戻す。トマト、なす、すいか、きゅうり……。夏野菜は水分をたっぷり含んだ実の中に、子孫である種をしまい込んでいる。そのみずみずしい命の在処《ありか》を、人が食べさせてもらっている。

「食べる」とは、ほかの生命をもらって、私たちが生きる力をつけることです。「食べる」ことが、健康なからだと生きる喜びを与えてくれるのです。

なすの食べ頃

なすの紺色、涼しげで、とても美しいと思います。藍《あい》をも思わせる深みのある色。なすは日本の夏に欠かせない野菜です。マーケットに一年中並んでいますが、五月までのなすはハウス栽培。六月に入ってから出てくるのが、本当においしい露地物です。そのおいしさはガラリと変わって、季節の力に驚かされます。

春に露地に植えた苗が大きくなって、70〜80㎝ほどに育ち、初めての実をようやく一つ、実らせる。これが〝初なり〟のなす。へたが分厚く、大きくなるスピードが遅いので、ごつごつとしていますが、うまみがぎゅっと凝縮されている味です。マーケットや店先で見つけたら、ぜひ手に取ってください。

露地物のなすの出盛りは、七月からお盆にかけた頃です。人の背丈ほどにも育ったなすは、どんどん実をつけます。なすの花には、むだ花がないといわれています。出盛りのなすは早く大きくなるので、姿がすっきりとスマート。火の通りも早くておいしいですね。値段も安くなります。

味噌で甘く炒めた〈なすの油味噌〉は、新潟で教わったお料理です。新潟の家庭では、ほとんど毎日作られている夏のおかず。油で炒めて味噌で味つけし、「えっ！」と思うほどたっぷりのしそを加えて仕上げます。しそは赤でも青でもかまいません。同じ時期にある野菜を仲良く合わせたお料理です。

子供の頃から、なすは私の大好物なんです。

大阪の蒸し暑い夏。冷たく冷やした〈なすの田舎煮〉は、色は悪くともなめらかで、するすると心地よい食べ口で。子供の頃、ひとりで一鍋分も平らげ、叱られた記憶があります。冷房のない時代ですから、冷たいなすの煮物の誘惑に勝てなかった。

〝焼きなす〟も、早くから作って冷蔵庫で冷やしていました。〝焼きなす〟は〝直火《じかび》で強火〟で焼くのが鉄則です。焼き網にのせたなすが炎の中に包まれている、というほどの強火がいい。なすの皮が灰になって、ちりちりと飛ぶほどに焼いたほうが、皮をむいたなすの表面が茶色くなって香ばしくておいしいのです。

真っ黒に焼いたなすは、手早く氷水にくぐらせて、皮をむき、しょうがじょうゆでいただきます。赤だしの味噌汁の実にしても美味ですよ。

ちなみに〝焼きなす〟には細手のなすが向きます。焼くことによって、なすの中の水分が沸騰し、なすの身に火が入るお料理ですから、出盛りのみずみずしいなすで作るのが一番。お盆を過ぎて、暑さの盛りを過ぎると、なすは水けをどんどん失っていきます。こうした秋なすは焼いたり煮たりするよりも、漬物などに向くというわけです。

あく抜き

なすはあくの強い野菜。塩水に20分ほどつけておくと、水が茶色くなります。そのまま、味噌汁の実にしたり、あっさりとした煮物にする場合は、ぜひあく抜きをなさってください。油で炒めたり、揚げたりするときは、あく抜きは不要です。

なすの田舎煮

○材料（4人分）
なす････6本（500g）
サラダ油････大さじ3
赤唐辛子（種を除いて
　小口切り）････小さじ1
水････1カップ
砂糖････大さじ1½
しょうゆ････大さじ3

○作り方
1　なすは、へたの先のひらひらしている部分を取り除き、縦半分に切る。皮目に細かい斜めの切り込みを入れ、斜め半分に切り、水につけてあくを抜く。
2　鍋にサラダ油を入れて中火で熱し、水けをきったなすを皮目を下にして入れ、全体に油がなじむまで炒める。
3　赤唐辛子を加え、分量の水、砂糖も加えて煮る。煮立ったら落としぶたをし、中火で4～5分煮る。
4　しょうゆを加え、再び落としぶたをして、煮汁が⅓量になるまで煮る。

なすの油味噌

○材料（4人分）
なす････4～5本（450g）
サラダ油････大さじ5
赤唐辛子（種を除いて小口切り）
　････小さじ1
青じそ（粗く刻む）････20枚
信州味噌････50g
砂糖････大さじ3
酒････大さじ3
水････¼カップ

○作り方
1　なすは、へたを取って縦半分に切り、1㎝厚さの斜め切りにする。
2　フライパンに油を熱し、なすを色づくまで炒める。
3　赤唐辛子を加えて炒め、信州味噌、砂糖、酒、水を入れ、しばらく混ぜながら水けをとばして煮る。青じそを入れて、炒りつける。

日本的・なすと油の良い関係

なすは油ととても相性が良いですね。油を使った料理はうまみが濃くなり、誰にもわかりやすいおいしさになります。しかしながら、さっぱり、すっきりとした「きれいな味」を好む私たち日本人は、油のうまみを生かしたうえで、油をどう抜くかを工夫してきました。ヘルシーに仕上げたいから油をまったく使わずに調理する、という短絡的な発想ではなく、「油を使ったほうがおいしい」、だから「油のうまみを生かして、どう余分な油を抜くか」と考える。「うまい」と舌が感じるように、余分な油をちょっと抜く。日本人のこうした繊細な味覚が、豊かな日本の料理を育んできたのです。

たとえば〝なすの揚げだし〟は、素揚げした熱々のなすを、熱いつゆに、たっぷりの大根おろしを添えて食べるのがたまらなくおいしいでしょう?　あれも、油をごくあっさりといただく工夫なんですよ。

〈なすの揚げびたし〉は、なすの色も残り、きれいで作りやすいお料理です。〈なすの田舎煮〉と同様になすに切り込みを入れて、素揚げします。菜箸ではさんで、ちょっとへこむくらいになれば直接水にとります。そのままチョロチョロと少し流し水にして油を抜いたあと、うまだしにつけます。つけてすぐは水臭いですから、味がしみ込むまで冷蔵庫に入れておきましょう。水にさらすことで、なすが含んだ油を抜くわけですが、完全には抜けず、おいしさは残ってくれるもの。器に盛ったら針しょうがを添えると、きれいです。

ある日はサンドイッチで！

なすは和風で食べるのが一番だと思います。味自体には特徴がないですから、ラタトゥイユなどの洋風煮込み料理に入れると、うまみの強いトマトなどの味が勝って、なすの存在感が弱まってしまうんですね。みずみずしい旬のなすをいただくのに、それではあんまりです。もったいない。せっかく大きく育ったなすに、申しわけがない。

とはいえ、なすは私の好物ですから、洋風にもいただきたいんですよ。そこで、「素材を生かす」日本人として、ひらめいたのが〈なすのサンドイッチ〉です。

作り方はいたって簡単。多めのオリーブオイルで香ばしく焼いたなすをトマトと一緒にパンにはさむだけです。大きな口を開けてパクリと噛《か》むと、なすが含んだオリーブオイルとなすの水分がじわりと染《し》み出て、たまらなくおいしい！　夏場はパサパサしたパン類は敬遠しがちですが、このサンドイッチは、なすのみずみずしさと、なすが含んだオイルでしっとりとして、のどごしも良く実に食べやすいものです。これもまた、なすと油のチームワークの為《な》せる業《わざ》。

うだるような暑さの夏、食欲が落ちているときに、こんなしゃれたお昼ごはんも良いのではないでしょうか。

なすのサンドイッチ

○材料（4人分）
なす････2本
トマト････1個
サンドイッチ用パン････8枚
オリーブ油、バター、
　マスタード････各適量
ルッコラ････適宜

○作り方
1　なすは縦に1cm厚さに切り、厚みに1本切り込みを入れる。トマトは5mm厚さの輪切りにする。
2　多めのオリーブ油でなすの両面を焼く。切り込みにトマトをはさむ。
3　パンにバターを塗り、**2**をのせて上にマスタードを塗り、好みでルッコラをのせて、もう1枚のパンではさむ。食べやすく切り分ける。

なすの揚げびたし

○材料（4人分）
なす････8本
揚げ油････適量
赤唐辛子････2〜3本
うまだし
　しょうゆ、みりん
　　････各½カップ
　水････2½カップ
　削り節････ひとつかみ

○作り方
1　なすは半割りにして、細い切り込みを入れ、160℃の揚げ油でカラリと揚げる。
2　すぐに水にとり、流水にさらして油を抜く。
3　うまだしの材料をひと煮立ちさせ、こして冷ます。
4　**2**のなすと赤唐辛子を**3**につけ込み、冷蔵庫でよく冷やして味をなじませる。

夏は毎日、きゅうりもみ

露地物のきゅうりが出回る夏。コリッとかじったときの、きゅうりの歯ごたえの良さ、口に広がるみずみずしさは最高です。きゅうりの持ち味は、なんといっても〝歯切れの良さ〟にあります。切り方によって、味わいがずいぶん変わってくるのです。ですから、いつも同じ厚さの斜め切りにして、サラダに入れていたのでは、きゅうりの魅力のわずか数パーセントしか知らないことになる。

きゅうりのささがきって、試したことがありますか？　そうです、鉛筆を削るようにむいていく、あのささがきです。ボウルの上でシュッシュッとささがきにしていくと、ごぼうと違って柔らかいので、きゅうり1本を切るのがアッという間。非常にらくちんです。そのうえ、ささがきにしたきゅうりは、サラダに入れても、大根おろしでみぞれ和えなどにしても、歯切れが軽くなって大変おいしい。これを覚えたある女性は「もう、きゅうりはささがきでしか食べなくなった」なんて言ってました。それほどくせになる食感なのです。

〝きゅうりもみ〟の達人になりましょう

きゅうりもなすと同じく、昔から夏になると、日本の台所にいつも転がっている野菜でした。朝ごはんにも、あと一品欲しい夕飯どきにも、おもてなしの副菜にも、おばあさんやお母さんたちは傍らにあるきゅうりをまな板にのせて、トントントンとリズミカルに刻んだ。そして塩をパッとふり、ひと混ぜしてしばらくおいたのちにキュッと絞って、手のひらから、まるで魔法のように翡翠《ひすい》色の食べ物を作り出していました。〝きゅうりもみ〟です。

塩の分量は数字でいえば「材料の2％」くらいです。目安としては、きゅうり2本に対して塩が小さじ1杯弱程度。また、感覚的に「あとで塩を洗い落とさなくてもよいくらい」の分量と覚えてもよいでしょう。作り慣れてくるといちいち量らなくても、このくらいの塩がいいかな、という分量が感覚的にわかってきます。そうなれば、ちょっとお料理上手になった気分がしますよ。

塩をふってしばらくおき、きゅうりがしんなりしたら、手のひらにのせて両手でぎゅっと絞り、水けを取る。手を開いたときに、きゅうりが青々として、ボールみたいに丸くまとまっていれば、上手にできた証拠です。お気づきでしょうか？〝きゅうりもみ〟といっても、実はもんではいけないのです。塩がまだ全体になじんでいないのに、ギュウギュウもんだりすると、グミグミした口当たりになってしまいます。

〝きゅうりもみ〟のきゅうりは小口に切ります。薄ければいいというわけではなく、合わせる素材や味つけによって厚みを変えるのが正解です。柔らかいわかめ、細かいちりめんじゃこと合わせるなら薄めに切る。たこなど歯ごたえのあるものが相手なら厚めに切る。薄めでも厚めでも、できるだけ厚さが揃っていることが、きれいでおいしい〝きゅうりもみ〟の秘訣《ひけつ》です。

さて、今日はどんな和え物を仕立てましょうか。

二杯酢に甘みを加えた〈三杯酢〉は、それ自体にうまみがあるので、わかめ、大根などの野菜、たこやえびなど、淡泊な味の材料を和えるのに向きます。

香ばしくすりおろした炒りごまをプラスした〈ごま酢〉なら、ちょっとごちそうの和え物ができます。

サラダのような感覚で、和え物を毎日のように食卓にのせるうちに、夏が終わる頃にはきっと、〝きゅうりもみ〟の達人になっていること請け合いです。

合い混ぜ
（精進のごま酢あえ）

○材料（4人分）
きゅうり····1本
みょうが····4個
塩····適量
干ししいたけ（もどす）
　····3枚
油揚げ····1枚
煮汁
　干ししいたけのもどし汁
　　····大さじ3
　しょうゆ、みりん
　　····各大さじ1
〈ごま酢〉
　練り白ごま····大さじ3
　米酢····大さじ2
　砂糖····大さじ½
　白味噌····大さじ1

○作り方
1　きゅうりは少し厚めの小口切り、みょうがは少し厚めの輪切りにする。それぞれ小さじ½弱の塩をふってしばらくおき、しんなりしたら水けを絞る。
2　油揚げはこんがり焼いて、短冊に切る。
3　もどした干ししいたけは軸を取り、薄切りにする。煮汁の材料を加えて弱火で炒りつけ、冷ましておく。
4　ボウルに酢以外のごま酢の材料を入れ、酢を少しずつ加えて、泡立て器でよく混ぜ合わせる。**1**、**2**、**3**を和える。

きゅうりとわかめの酢の物

○材料（4人分）
きゅうり····2本
塩····小さじ1弱
わかめ（もどしたもの）
　····60g
ちりめんじゃこ····25g
おろししょうが····適量
〈三杯酢〉
　米酢····½カップ
　砂糖····大さじ1½
　酢、薄口しょうゆ
　　····各小さじ½

○作り方
1　三杯酢の調味料を合わせて、砂糖をよく溶かしておく。
2　きゅうりは薄めの小口切りにし、塩をふってしばらくおき、しんなりしたら水けを絞る。
3　わかめは食べやすく切り、じゃこは湯をかけて柔らかくする。
4　**2**と**3**をボウルに入れて、食べる直前まで冷蔵庫で冷やしておく。三杯酢で和えて器に盛り、おろししょうがを天盛りにする。

冷たい小あじの南蛮《なんばん》漬け

夏は無性《むしょう》に、酸っぱいものが恋しくなります。疲れがとれる感じがするし、暑さで溶けたようなからだが、酸っぱいものを食べるとシャキッと元気になる気がする。特に運動したあとなどに食べたくなるのは、からだの中の炭水化物が素早くエネルギーに変わるときに酸が必要で、その酸味が効果的に働くためらしいですよ。

「夏は酢の味」と昔から言われてきました。酢を使ったお料理が多く登場します。蒸し暑い日本の風土の中で、季節に合わせて酸っぱいものを口にする――。人間も大自然の一部なのだな、とつくづく思わされます。

さて、夏は、小あじがおいしくなります。体長が7～8cmしかない小あじを、東京のマーケットでよく見かけます。何もつけずに素焼きにして、酢につけて丸ごと食べる〝小あじの酢びたし〟を、今の季節にぜひ味わっていただきたいです。

焼き網で小あじの両面をこんがり焼き上げて、刻んだ赤唐辛子をたっぷり入れた生酢《きず》に、焼きたての熱々をジュンとつけて食べるのです。これはうまい。焼いたはしから、いくらでも食べられます。

よほど鮮度の良い小あじはうろこを取るだけでも大丈夫ですが、都会では内臓は取ったほうがよいでしょう。小あじの下処理は実に簡単。えらぶたを開いて、えらを両側からつまむように持って手前に引くだけで、えらと一緒に内臓を除くことができます。血合いなどの汚れを、サッと水で流してから調理してください。

〝小あじの酢びたし〟は、そのままつけておけば翌日でもおいしいものです。

作りおきのきく南蛮漬け

次にお試しいただきたいのが、〈小あじの南蛮漬け〉です。このお料理はなんといっても、カラリと揚げた小あじの骨まで、丸ごと食べやすくなるのが嬉しい。それに酢の殺菌作用で、冷蔵庫で一～二週間保存がきくのですよ！　暑くて火の前にあまり立ちたくないときに、冷蔵庫から出すだけでよいお魚の料理があるなんて、それこそ嬉しいではないですか。お父さんのビールのあてにもなりますしね。

小あじは先に紹介した方法で下処理をし、水けを押さえてから、薄く粉をまぶして唐揚げにします。

ここでちょっと話が少しそれますが、唐揚げの粉（衣）はふつう、小麦粉または片栗粉を使いますね。ですが、私は半々に混ぜ合わせているんです。

小麦粉だけを使った場合、小麦粉に含まれるグルテンが、素材（小あじなど）から出る水分と結びついて、しっかりとした衣に仕上がります。だから、水けの多い素材には小麦粉が向くのです。一方、片栗粉は小麦粉のような粘りがありませんから、ところがはがれて浮くようになり、唐揚げに表情が出るんですね。この二種類の粉を合わせることで、それぞれの良いところをもらおうという考えです。

さて話が戻りまして、唐揚げにした小あじは熱いうちに南蛮地につけ込みます。〝南蛮〟とは〝異国風の〟という意味で、かつてスペインやポルトガルの人々が持ち込んだ唐辛子などを〝南蛮〟と呼びました。〝地〟とはベースとなるだしのことをいいます。

南蛮地の割合は「1：1：1：4」と覚えておきましょう。「しょうゆ1：酢1：砂糖1：水4」の割合です。ここに昆布1枚と赤唐辛子3～4本を加えて、小あじをつけ込みます。そのまま冷蔵庫に三～四日入れておくと味がなじんで骨まで柔らかくなり、一～二週間はおいしく食べられます。しょうゆを多く使っていますから、ご飯によく合う味です。

南蛮漬けを食卓に出す少し前に、野菜も一緒に南蛮地につけ込んでおくといいですね。焼きなす、叩いたきゅうり、トマトなどの夏野菜を小あじと盛り合わせれば、豪華で素敵な一品になります。おもてなしにもいけそうです。

ちなみに南蛮漬けは小あじに限らず、太刀魚、いとより、めばる、いさき、かれい、さばなども向きます。魚の種類にこだわりませんから、釣《つ》りから持って帰ったような雑《ざ》魚《こ》のやり場に困ったときなども、とても便利なお料理なんです。

小あじの南蛮漬け

○材料（4人分）
小あじ‥‥約500g
小麦粉、片栗粉‥‥各適量
南蛮地
- 水‥‥2カップ
- 砂糖‥‥½カップ
- 酢‥‥½カップ
- しょうゆ‥‥½カップ
- 昆布（10㎝角）‥‥1枚
- 赤唐辛子‥‥2本

揚げ油‥‥適量

○作り方
1　南蛮地の材料を合わせておく。
2　小あじはうろこをこそげて、えらとともに内臓を抜き取り、水洗いする。
3　合わせた粉類を**2**にまぶしつけ、170℃の油でカラリと揚げる。
4　揚げたてのあじを**1**の南蛮地につけ込む。

フレッシュトマトでソースを作る

いまでは一年中途切れることなく手に入る定番野菜ですが、太陽をいっぱい浴びた夏のトマトの味はやっぱり格別です。

最近は、真っ赤で甘みの強い完熟トマトが人気で、そればかりがえこひいきされている気が私にはしてなりません。

トマトは甘いだけではおいしくないのです。酸味があったり、ちょっと渋かったり、青臭かったり……。いろんな味がひとつのトマトの中にあって、それがおいしいのです。その味わいは自然が作り出したものだから、青臭いトマトもムッとするような夏のにおいがして、本当においしい。そんなトマトはちょっと地方へ出かけたとき、ポリ袋に三～四個入れて、無人販売に並んでいたりします。びっくりするほど大きかったり、姿も悪いですが、私は必ず足を止めて買ってしまいます。冷蔵庫にも入っていない熱いトマトですが、本当の味がします。

東京のマーケットに出回るものでも、たとえば〝湘南トマト〟など、この季節にはトマトらしい青臭いおいしいトマトに出合えることがありますね。

山形県の〝出羽《でわ》トマト〟は昼夜の気温の差が大きい気象条件で育てられ、枝につけたまま完熟させたもので、「トマトってこんなにおいしかったのか」と感激するほど甘みと酸味のバランスのとれたトマトです。北国や高原では、昼間にお日さまの光をたっぷり浴びることで作られた栄養分（糖分やアミノ酸）が、夜の気温が低いために浪費されずに蓄えられ、おいしくなるそうです。

青臭いトマトは生でかじるのが一番ですが、フレッシュな完熟トマトを手に入れたら、軽いトマトソースを作ってみてください。最高においしいですよ。作るのに五分とかかりません。それでいて、時間のたった缶詰のトマトで作るのとは、まるで味わいが違います。

作り方はごく簡単。皮もむかずに粗く刻んだトマトを鍋に入れ、オリーブオイルを適当に加えて、塩もちょっと加えます。そのまま中火にかけて、とろりとすればできあがり。

私はこのトマトソースをオムライスにかけたり、トーストにのせたり、ピカタや魚のフライなどにサッとかけて楽しみます。そのつどサッと作って、食べきってしまう。夏にはちょっと重いカツレツなどにも向きます。酸味がチラッと口の中に広がって、カツの豚肉がパサついていてもトマトソースが全体を包み込んでくれるので、さっぱりと食べやすくなる。食欲のない夏向きのソースなんです。

出盛りの完熟トマトをたくさん手に入れたときのために、作りおきできる〈トマトソース〉のレシピも紹介しておきましょう。これも、パスタやピザなどいろいろに使えて、夏の風味を長く楽しめます。

トマトソース

○材料
完熟トマト(皮を湯むきして種を取り、ざく切りにしたもの)
····800g
トマトペースト····30〜50g
玉ねぎ(みじん切り)····200g
にんにく(みじん切り)····2かけ
ブーケガルニ(セロリ、パセリの軸、ローズマリー、タイム、
ローリエを束ねたもの)····1束
塩····適量
こしょう····適量
オリーブ油····½カップ

○作り方
1　鍋にオリーブ油とにんにくを入れて中火にかけ、香りが出てきたら玉ねぎを加えて、少し色づくまで炒める。
2　トマトを加え、トマトペースト、塩小さじ1を加えて混ぜる。
3　ブーケガルニを加え、ときどき混ぜながら30分以上煮込む。途中で煮つまった場合は、水を適宜足しながら煮る。ソースがとろりと煮つまったら、塩、こしょうで味をととのえる。

*

瓶《びん》詰にすれば常温で約1年保存がききます。瓶詰にする場合は、煮沸消毒した瓶に熱いトマトソースを口もとまで詰め、きっちりふたをして、すぐに流水で冷やします。充分に冷めたら、しばらく逆さにおいておきます。ソースがもれてこなければ密閉できた証拠。

冷やししゃぶしゃぶをおいしくする

薄切り肉を熱湯にくぐらせて氷水にとり、ポン酢でいただく冷やししゃぶしゃぶは、料理屋の「吉兆《きっちょう》」が最初にしたお料理です。いまや家庭でも定番になっていることでしょう。あっさりとした肉料理としていただくには、これで充分。でも、冷やした肉をサラダに混ぜ込んだり、たっぷりの野菜と一緒に食べたいと思えば、水っぽくて意外においしくならないものです。

おいしくする方法があります。肉を取り出す氷水に、ちょっとした工夫をするのです。

氷をボウルに入れて、日本酒を適当に加えます。そこに塩少々を入れて〈酒塩《さかしお》〉にし、ここに湯を通した肉を取り出すのです。熱いお肉を入れるのですから、氷が適当に溶けて酒も薄まり、ちょうど良い加減になるんですね。湯から取り出した肉は、盛りつけるまで、氷入りの酒塩につけたままおきます。すると酒や塩のうまみが下味としてつくので、たっぷりの野菜と合わせたときにも、肉のうまみが引き立つというわけです。

ただし酒や塩を加えすぎて、味を強くしすぎないことが大事。あくまでも肉にうっすらと下味がつく程度がよいのです。それで、ほかの材料と合わせたり、あとからポン酢などの味を加えたときにも、きりっと引き締まった料理に仕上がる計算なのですから。

肉とお好みの野菜を盛りつけたら、仕上げはたれです。ポン酢、レモンポン酢（74ページ）のほかに、ごまだれがおすすめです。ごまは体力の必要な夏にありがたいもの。

作り方は簡単です。そうめんつゆ（１０６ページ）に、市販の白ごまペーストを合わせるだけ。これに、感じない程度の酢を加えてみてください。味が引き締まって、グンとおいしくなりますよ。

冷やししゃぶしゃぶサラダ

○材料（4人分）
牛肉（薄切り）
　‥‥300〜400g
玉ねぎ‥‥300g
レタス‥‥200g
にら‥‥1束
にんじん‥‥80g
ポン酢、大根おろし
　‥‥各適量

○作り方
1　牛肉は食べやすく切る。
2　玉ねぎは輪切り、にらは5cm長さ、にんじんはせん切りにし、レタスは食べやすくちぎる。
3　熱湯で牛肉をゆで、酒塩にした氷水にとる。
4　次いで野菜をゆでて、氷水にとる。それぞれ水けをきる。
5　器に盛り合わせ、ポン酢に大根おろしを添える。

*

ごまだれ、レモンポン酢で食べてもおいしい。

酒塩

○材料
氷、酒、塩

○作り方
1　ボウルに氷を入れ、酒を注ぐ（氷は入れなくても、氷が溶けて適当に薄まる）。
2　氷に塩をふるように加える（氷に味つけするような感じ。塩を加えることでも氷は溶けて薄まる）。
3　ここにゆでた肉を入れ、下地をつける（そのうち氷が溶けて沈むので、完全に水の中に沈まなくても気にしなくてよい）。

*

たこやえびをサラダ、和え物にするときも酒塩にするとよいのです。

そうめんのおいしさを教えてあげたい！

夏はやっぱり、そうめんでしょう！

ところが、私は驚いたんです。以前、テレビで冷やしそうめんの作り方を紹介したときのこと。収録の合間にスタッフに食べてもらったところ、何束もゆでためんがアッという間にきれいさっぱりなくなりました。そして、若い男の子たちが「こんなにおいしいそうめん、食べたことありません」と感激している。彼らは、作りたてのつゆで、湯がきたてのそうめんを食べたのが、そのとき初めてだったと言うのです。コンビニで買って食べたり、家庭でもずっと市販のつゆを使っていたからなんですね。

作りたてのつゆ、湯がきたてのそうめん。

暑い夏の日に、これほどおいしいものはありません。ぜひ、みなさんに味わっていただきたい。お父さんやお子さんに作ってあげてほしい。心の底からそう願います。

めんどう？　そんなこと、ちーっともありませんよ。そうめんをゆでる湯を沸かしますね。その間につゆができるんです。作ったつゆを冷やしますね。その間にめんをゆでて、締めて、水けをきって器に盛れるのです。

つゆとめんが、同時にできあがる。だから、できたてを味わえる。本当です。

めんつゆのこと

家庭で作った〈めんつゆ〉がなぜおいしいかというと、しょうゆとかつお節のいい香りが、ちゃんとするからです。市販のつゆとは比べものにならぬ風味の良さです。作り方もとても簡単。作りおきもできるので、ぜひ作っていただきたいです。

〈めんつゆ〉の基本は「1：1：4」。

「しょうゆ1：みりん1：水4」の割合です。材料を鍋に入れ、昆布1枚とかつお節ひとつかみを加えて中火にかけます。ひと煮えしたら、ふきんでこしてできあがり。ねっ、簡単でしょう？

ポイントは「中火で静かに煮る」ことです。全体にじわっと沸いてきて、おいしそうな香りがしてきたら、パッと火を止めてこす。これがいいのです。

早く作りたいからと火を強くして、ガーッと煮立てるなんていうのはまったくダメ。しょうゆは強火に当たると、「痛い」と私は表現するんですが、火傷《やけど》をして焦げ臭が出てしまうんですね。〈めんつゆ〉は中火でじんわり煮て、昆布から味が出るのを待って風味を残します。

冷やすときは、大きなボウルに氷水を入れて、つゆを入れたステンレスのボウルを浮かべます。そして、つゆの入ったボウルの上のほうを、指でくるっと回すのが私流。氷水に当てながらボウルを回転させると、つゆ全体が冷えるのが早い一番の方法です。〈めんつゆ〉を多めに作ったときは、しっかりふたのできる瓶に熱々のめんつゆを入れて、そのまま水の中に沈め、流水で大急ぎに冷ましてください。この方法が一番おいしさが残ります。冷めたら、冷蔵庫で保存を。

ちなみに〈めんつゆ〉といっていますが、これはもちろん天ぷらのつゆにもなりますし、〈冷やししゃぶしゃぶサラダ〉のごまだれ（100ページ）などを作るときにも使えて便利です。

そうめんは、もみ洗いでコシを出す

続いてそうめんですが、まず〈めんつゆ〉を作る間に、鍋にたっぷりの湯を沸かしておきましょう。沸騰したら、そうめんを入れて、めんがダマにならないように箸で軽く

混ぜます。

煮立ったら差し水をして、煮立ちを止めます。差し水は煮立ちがおさまる程度の少量でいいんですよ。差し水をすることで、芯まで均一にゆでることができます。

再び煮立ったらざるに上げますが、このとき、ざるの下にボウルを重ねて、まずは流水で、めんをしっかりもみ洗いしてください。本当にキュッキュッと音がしそうなほどに。洗濯物を洗うような感じです。洗うことで、めんのぬめりが取れて、コシが生まれるんです。

氷水にとって、そうめんが完全に冷たくなったら器に盛ります。中指にかけるようにしてそうめんをすくい取り、氷水をはった器に、めんの流れを揃えるようにして盛るときれいです。

薬味はたっぷりのねぎとしょうがで、シンプルに食べるのが一番おいしいですね。たまに目先を変えるなら、めんつゆにトマトをおろし金でおろして加えた赤いトマトだれ。同様におろしたきゅうりを加えて、緑のきゅうりだれ。いずれも色がきれいで、ちょっと今風のたれを楽しめます。

めんつゆ

○材料（4人分）
しょうゆ、みりん
　····各½カップ
水····2カップ
昆布（10㎝角）····1枚
削りがつお····10g

○作り方
1　鍋にめんつゆの材料をすべて入れ、中火にかける。煮立ったらあくと泡を取り、火を止める。
2　ふきんでこし、ボウルに入れ、ボウルの底を氷水に当てながら、回して冷やす。

ゴーヤの段階的楽しみ方

ゴーヤ（苦瓜《にがうり》）はお好きですか？　最初は私もあの苦みに驚きましたが、今ではすっかり、ゴーヤ大好きになってしまいました。最近は東京のマーケットでもふつうに並んでいて、珍しいものではなくなりましたね。それほど人気のある野菜ということでしょう。

独特の苦みがくせになる人も多いでしょうし、栄養面の効果も期待されているかもしれません。

抗酸化作用のあるビタミンCの含有量を、ゴーヤとレモンで比較してみると、レモンに含まれるビタミンCは100g中100mg、ゴーヤは76mg。数字のうえではレモンのほうが高いですが、レモンは食べても1〜2切れ。対するゴーヤは、一回に100gぐらい食べるのですから、ビタミンCをたっぷり摂《と》れることになります。しかも、ゴーヤのビタミンCは加熱しても壊れないすぐれものとか。まさに暑い季節、暑い風土にふさわしい野菜なんですね。

求めるときは表面のイボイボがとがった新鮮なものを。グリーンの濃いものは少し苦みが強く、逆に白っぽいものは苦みがやさしくなります。

さて、〝苦いのがゴーヤの味〟といわれても、子供にとってはお薬の味としか思えないことでしょう。その独特の苦みを段階的にやわらげる調理法があるので、順にご紹介しましょう。

まず、あの苦みこそを味わいたいという方には、サッと湯をかけただけの、生に近い状態で召し上がることをおすすめします。ゴーヤを縦半割りにして、中の種とわたをスプーンで除きます。こうして下処理したゴーヤをざるに置いて熱湯をかけるか、サッと湯通しして厚めにスライスし、しょうゆ、削りがつおをかけていただくんです。フレッシュで、さっぱりとして美味。お酒の肴《さかな》にも良いですよ。

次は焼いて食べてみてください。〝焼き苦瓜〟です。縦割りにして種やわたを取り除いたゴーヤを、焼き網にのせて直火《じかび》焼きにします。5㎜程度の厚さに切って、しょうゆや塩で召し上がれ。少しついた香ばしい焼き味がゴーヤの苦みを抑えてくれますが、水分が抜けてこれも相当苦い。

その次は油炒めです。つまり、ご存じ〈ゴーヤチャンプルー〉。

苦みが好きな人は、1㎝ほどの厚さに切ったゴーヤと、水きりした豆腐を油で炒めます。まだまだ苦みが苦手な人は、ゴーヤを3㎜程度に薄く切り、豆腐、豚肉と炒め合わせて、最後に溶き卵を加えて苦みをマスキングします。油が苦みを抑えてくれますし、これでずいぶん食べやすくなるはず。

要するにゴーヤの切り方と、合わせる具材の多さで、苦みが調節できるんですね。この料理で肝心なのは、材料を一品ずつ別々に炒めて、最後に炒め合わせること。豆腐も豚肉もおいしそうな焼き色がつくまで炒めて、塩味もそれぞれに軽くつけてから炒め合わせる。これが、〈ゴーヤチャンプルー〉をキレのあるおいしさに仕上げるコツです。

ゴーヤは輪切りにしてからわたを抜き、天ぷらにするのもいいですね。ドーナツ形に揚がって形も楽しく、いただきやすいものです。さらに食べやすくするなら、薄切りにして桜えびなどと混ぜて、かき揚げに。あくの強い山菜と同じで、これで誰にも食べやすくなります。

最後に、よほど苦みの苦手な方へ。薄切りのゴーヤを塩もみして一度洗い、苦みを抜いてから、チャンプルーなどの料理にするやり方もありますから、お試しあれ。

ゴーヤチャンプルー

○材料（4人分）
ゴーヤ‥‥1本
木綿豆腐‥‥1丁
豚肩ロース（しょうが焼き用）‥‥120g
　しょうゆ‥‥大さじ1
溶き卵‥‥2個分
塩、黒こしょう、サラダ油‥‥各適量

○作り方
1　豆腐は水きりする。
2　ゴーヤは、縦半分に切り、種とわたを除き、3㎜厚さに切る。
3　豚肉は5㎜幅に切り、しょうゆをもみ込んでおく。
4　フライパンにサラダ油を熱し、豆腐をちぎりながら入れ、塩少々をふって、ていねいに焼き色をつけて、いったん取り出す。続けてサラダ油を足し、ゴーヤを炒めて塩少々をふり、焼き色がついたら取り出す。続けてサラダ油を補い、豚肉を入れて、ほぐして広げ、黒こしょうをふって焼き色をつける。
5　豚肉に八分通り火が通ったところで、ゴーヤ、豆腐を戻し入れ、フライパンをあおりながら全体を混ぜ合わせる。
6　溶き卵を菜箸に伝わらせながら回し入れて、軽く火を通し、塩、黒こしょうで味をととのえる。

夏のお粥

夏の食べ物として、私はなんとなく〈茶粥《ちゃがゆ》〉が気に入っています。お茶のさっぱりとした風味が、さらりとしたお粥によく合って、からだも心もスキッとする感じがあるのです。

お茶は番茶を使いますが、ほうじ茶でも緑茶でもウーロン茶でもかまいません。それぞれにおいしく作れます。お好きな茶葉を入れた茶袋と水を鍋に入れて、火にかけます。煮立ったら茶袋を取り出し、米を入れて、煮出したお茶で米を炊くのです。強火にかけて、沸騰しても強火のままで、プクプクと20分ほど煮立てて火を止める。ふたをして5分ほど蒸らせばできあがり。

炊きたての〈茶粥〉は子供の口には熱いものです。そこで残りの冷やご飯を茶碗にひと口入れ、その上からお粥をよそうと、適当に冷めて食べやすくなる。子供の頃の思い出です。

〈茶粥〉が残ったら冷蔵庫に入れておきます。冷たくなったお粥の口当たりがまた嬉しくて、おいしくて……。これが食べたさに〈茶粥〉を作るのかとも思うほど。

お茶の水だし用などに、紙でできた使い捨てお茶パックも市販されていますから、まずはこれを使って作ってみてください。そして〈茶粥〉がお気に召したならば、さらしでご自分の茶袋を作ることをおすすめします。いっそう〈茶粥〉が好きになるはずです。

もうひとつ、夏のお粥におすすめがあります。骨付きの鶏もも肉で作る、白いお粥です。これを作るようになった、ある日の出来事を聞いてください。

里芋や大根を下ゆでするときに、米のとぎ汁を使ったり、とぎ汁がない場合は米をひとつかみ加えてゆでることは、ご存じですよね？　水だけでゆでるよりも材料が柔らかくなるのは、米を入れると沸点が高くなるためです。

あるとき、こうして柔らかくゆでた里芋を、くずさずにさらに柔らかくしたいと思い、火から外して余熱でぼんやり冷ましていました。ふと見ると鍋中のお米、ぷっくりとふくらんだお米、お米ですから、ただ捨てるのはもったいないと口に入れてみたんです。これが実においしかった！　米を野菜と一緒にゆでると、米も野菜もうまくなるんですよ。うちでは鶏の水炊きをするときにも、米をひとつかみ鍋に入れて野菜を煮ながら食べます。米を入れることでスープが格別おいしくなって、鶏もふっくら柔らかくなり、軟骨まで食べられるようになるのです。

そこで、〈鶏のお粥〉なんです。骨付きの鶏もも肉と一緒に、米を炊きます。煮立ったら弱火でコトコトと。炊き上がったお粥は、鶏のうまみを含んでしみじみとおいしく、鶏の骨から身をほろりと外して食べる感覚はまさにごちそう。塩を添えてもよいですが、ポン酢で食べるのが断然おすすめです。食欲が落ちた夏場にもおいしく食べられ、お年寄りにも喜ばれます。こちらもぜひ、試してみてください。

鶏のお粥

○材料（4人分）
米····1½カップ
鶏骨付きもも肉····4本
水····10カップ
塩····適量
青ねぎ（小口切り）、ポン酢
····各適量

○作り方
1 鶏もも肉は関節を切り、食べやすいように骨にそって切り目を入れる。
2 米は洗い、ざるに上げて30分ほど吸水させる。
3 鍋に水と鶏肉を入れて強火にかけ、煮立ったらあくを取り、火を弱めて40分煮る。
4 **3**の鍋を煮立て、**2**の米を入れる。再び煮立ったらひと混ぜし、中火で約12分煮る。
5 火を止めて、3〜5分蒸らす。塩や青ねぎ、ポン酢を添える。

茶粥

○材料（4人分）
米····½カップ
水····5カップ
ほうじ茶（または番茶）
····大さじ3
焼き餅····4個

○作り方
1 米は洗い、ほうじ茶は茶袋に入れて口を閉じる。
2 鍋に分量の水と**1**の茶袋を入れて火にかけ、煮立ったら茶袋を取り出す。
3 **2**に米を加えて木じゃくしでひと混ぜし、ふたはせず強火で炊く。あくをすくい取り、プクプクと煮立てながら20分ほど炊く。
4 焼き餅を入れてふたをして5分ほど蒸らす。

*

茶粥に焼き餅を入れたのは私の好物です。秋にはさつま芋を一緒に炊いたりもします。

秋はご飯。味噌汁。魚と肉。
ほっくりとした芋。
がんばらなくてもおいしい、
毎日のしっかりごはん。

たいていの子供はおむすびが大好きです

釣《つ》りに出かける朝早く、母がいつも父に持たせていたもの。それはアルミ箔に包まれた、梅干しとしょうゆがつお入りの三角おむすびでした。父に連れられた私は、釣り場で食べた冷たいおむすびのいいにおいを、今もはっきりと思い出すことができます。

父も私も料理人ですが、祖母や母や私の奥さんのおむすびを握る鮮やかさには、とていかないません。ずっとそうでした。今でもそう思います。あんなに手際よく、うまく握れるのはなぜなのでしょう。釜のおこげを小さく握って、小腹をすかせた誰がつまんでもいいおむすびを、毎日作るのが習慣になっていたからでしょうか。

たいていの子供はおむすびが大好きです。

おむすびは安心できる保存食

おむすびのおいしさの一番の秘訣《ひけつ》って、なんだかわかりますか？　お米の良し悪し？　具の梅干しが無添加で味がよいこと？　残念ながら違います。

お母さんの手で握られていることです。

おむすびを握るのに、型やラップフィルムを使って握るのってつまらないですね。保健所が目を光らせているからと、衛生手袋をした手で握られたおむすび屋さんのおむすびも、なんだかつまらない。言葉で表すのは難しいですが、なんだかおいしくないんです。

炊きたての熱々のご飯を、お母さんが手を真っ赤にして握るから、おむすびはおいしいのです。

光る白いご飯。沸き立つように湯気が出る炊きたてのご飯を、塩をつけた手のひらできゅっきゅっと握る。するとたちまち、おむすびの中にしっとりと水分が含まれて、逆に外側はすぐに乾いて塩の壁ができる。そうして固まったところへは、バクテリアも入りにくいのです。さらに中に梅干しでも入れれば、衛生面での心配はないでしょう。すごいものです。これが昔から日本で作られてきた、おむすびなんです。

おいしいだけでなく、熱、水分、塩分、人の手で握られるタイミングなどが絶妙に働きあって、おむすびには〝安心して食べられる携帯食〟の一面もあるのです。冷えてもおいしく、長持ちする。それに食べれば、とたんに元気が湧いてくる。お米は素早くエネルギーに変わってくれるといいます。なんて偉大な食べ物なのでしょう！

コンビニなどで売られているものと違って、母の手のぬくもりでしっかり握られたおむすびには、防腐剤を吹きかける必要はありません。脂肪分も含まず、消化の良いものですから、おなかをすかせた子供には、ハンバーガーや菓子パンよりもおむすびを食べさせてあげたい。たとえ料理が得意でなくても、お母さんの作ってくれたおむすびは別格においしいのです。おかずなんかいらない、これだけでいい、と思わせる力があります。

大事なのは炊きたての白いご飯で握ることです。炊飯ジャーの中に保温してあったご飯や、電子レンジで温め直したご飯を、いくら上手に握ってもおいしくありませんし、安全性も低くなります。混ぜご飯のような具入りの味つけご飯をおむすびにするのも、昔はやらなかったことで、ほかの材料が加わってくることから、これも保存性は望めません。炊きたて熱々の白いご飯を握ってこそ、素晴らしいおむすびができるのです。そして、おむすびになって冷めたときこそ、お米の味がはっきりわかるもの。炊きたてのご飯はもちろんおいしいですが、私はほどよく冷めたときのほうが、ご飯を本当においしく感じます。

おむすびの握り方

家族のために、ご自分のために、おむすびを上手に握れるようになってください。熱々のおむすびを握るには工夫がいります。

ひとつふたつ握るのであれば、お茶碗によそって、くるくる回して形を整え、手のひらにとって握ればよいのです。でも、行楽や人が集まるようなとき、あるいは何人かで力を合わせて握り飯を作るときなどは、それでは間に合いません。

詳しく作り方をご説明しましょう。

一、湿らせたさらしふきんを左手にかけて、その手で茶碗を持ちます。茶碗は、おむすび1個分の飯の分量（茶碗に軽く1杯ほど）をはかるためのものです。

二、ご飯をしゃもじですくって茶碗に入れ、この茶碗を右手にとって、すぐ左手のふきんにご飯をカパッとあけます。

三、ふきんのまま、ぎゅっぎゅっと2回握り、杉板などの上に転がします。まな板の上に熱いおむすびを置くと、まな板のにおいがおむすびに移りますので、これはいけません。場所をとるものではないので、おむすび用に木の板を1枚用意しておくことをおすすめします。
四、板の上に、ご飯のかたまりがいくつか転がったら、次に腕まくりをして、両の手のひら全体を湿らせましょう。手水はつけすぎてもいけません。〝湿らせた手の水をしっかり落とした〞という感じがよいのです。湿らせた手のひらに、塩を薄くのばします。これがおむすびの味つけになります。
五、板の上にのっているご飯のかたまりを、ひとつ手のひらにのせます。ご飯の真ん中を指で軽く押して穴をあけ、具を箸で入れて、両側のご飯を寄せて穴をふさぎます。
六、三角形にした両手できゅっきゅっと2〜3回握り、形作ります。これで1個完成。

　ひとりが茶碗に盛ってご飯を板の上に転がし、もうひとりがそれを取って握る、というように二人の連携プレーで作りますと、猛烈なスピードでおむすびができあがります。スピードやリズムもおむすびの味の決め手。炊きたてのご飯を一釜分握るようなときは、家族に助っ人《すけと》を頼んでみてください（それもまた楽しい台所の風景です）。

　おむすびの握り加減は、おむすびがどっしりと重く感じるようではいけませんし、柔らかすぎて食べるときにくずれてしまうようでもいけません。塩加減、握り加減は、それこそ経験によってわかってくるものです。自分で握り、自分でも食べてみて、その感覚が身につくのです。

握れば握るほど、上手になるのがおむすびなのでしょう。しかも、誰かのために愛情を持って握ることで、きっと上達するのでしょう。

おむすびは人の手の味です。〝温かい〟手の持ち主には、どんな料理人もかないません。

ご飯を鍋で炊く

豊穣《ほうじょう》の秋、実りの秋です。みなさんはご飯はいつも炊飯器で炊いていますか？　私はよく土鍋や厚手のホウロウ鍋で炊きます。ふっくらと、とてもおいしく炊き上がり、ちゃんとおこげができていい香りですよ。重いふたつきの厚手の鍋があれば、ご飯は炊飯器でなくても簡単に炊けるのです。しかも早い。試してみてください。

ご飯の炊き方

一、米をとぐ。
二、吸水させる。
米をざるに上げて、夏場は30分以上、冬場は1時間ほどおく。
三、水加減をする。
水けがきれたところで、米と同量の水を鍋に入れる。
四、炊く。

ふたをして中火強にかける。沸いてきたら、吹きこぼれないように火を弱めて5分炊く。さらにごく弱火にして12分ほど炊き、最後にもう一度強めの火にしてひと呼吸おいてから火を止める。

五、蒸らす。

火を止めて、そのまま15～20分ほど蒸らす。

六、混ぜる。

蒸らし終わったご飯を、底からさっくり混ぜて余分な水分をとばし、均一にする。

これで炊けるのですが、それぞれの工程をさらに詳しく説明しておきます。頭に入れておくといいですよ。

ご飯の炊き方の解説

一、米をとぐ。

〝とぐ〟とは、米の表面についている糠《ぬか》を落とすこと。生米をさわってみると、ぬるっとするでしょう。その感じがなくなるまで洗えばよいのです。

まず、米に水を加えてひと混ぜし、糠や汚れの出たこの水はすぐに捨てます。

水けをよくきった米を洗い桶の中で洗います。米をつぶさないように力を抜いて、右手で大きく全体を混ぜてから、手のひらで軽くザッザッと2回ほど押し、また大きく混ぜる――という動作を、左手でボウルを回転させながら数回繰り返します。

ボウルに水を注いで白濁した水を捨て、もう一度、ザッザッとリズミカルに洗って、水を注ぎ、白濁した水を捨てます。以前は「とぎ水が澄むまで」と言われていましたが、今のお米ならば、2回ほど水を替えて洗う程度でよいのです。

二、吸水させる。

洗った米をざるに上げて、夏場なら最低30分、冬場なら1時間程度おき、米に水を含ませます。つまり、水けをきりながら吸水させるのです。ここが私のやり方の中で、おいしさに係わる大切なポイントです。水に浸したまま吸水させるのと違って、米が必要以上にふやけたり、浸している米が傷《いた》むこともなく、すっきりと炊き上がります。お米の本当のおいしさを味わうために、ぜひなさってください。

ざるに上げると、米は表面の水分を吸いながら乾き始めます。水分を充分に含むと、米はだいたい2~3割カサを増します。これを〝洗い米〟といいます。新米と去年の米とでは乾燥度が異なりますが、30分~1時間もおくと米が一定の水分を吸収するので、どんな米でも、水加減は米と同量（同体積）と考えてよいのです。つまり2カップの米を洗ったら、炊くときに加える水は2カップ。この水加減が基準となります。固めが好きならばここから少し水を減らし、柔らかめが好きならば少し水を増やして調整なさってください。

三、炊く。

水加減をして炊き始めます。最初は中火強にかけ、煮立ち始めたら、吹きこぼれない程度に火を弱めて5分ほど炊きます。次にごく弱い火にして12分ほど炊き、火を少し強めてひと呼吸おいてから火を止めます。

弱火にしてからは、30分ぐらい火にかけていても実は大丈夫。ですから、うっかりタイマーをかけ忘れた場合も、長めに火にかければ安心です。

四、蒸らす。

蒸らすとは、余熱を利用して米の芯までおいしくすること。ふたを取らず、15分ほどそのままそっとおいて蒸らします。

五、混ぜる。

底からさっくり混ぜることで、余分な水分をとばし、全体を均一にします。これをしないと、ご飯から水けが抜けず、おいしくなりません。ただし炊きたてのご飯をすぐによそうのであれば、混ぜる前に、ご飯の上のほうのドーナツ状の部分をしゃもじですくい、茶碗に盛ってください。ここが一番おいしいのです。

炊き上がったご飯は、おひつに移すのが理想的です。おひつのような木の道具は、余分な水分を上手に除いてくれ、ご飯が一層おいしくなるんですよ。

私の味噌汁

おいしい味噌汁をすする瞬間って、幸せですね。それにしても、おいしい味噌汁って、なんでしょう？　これ、簡単なようで実はすごく難しい。すごく難しいけれど、口にした瞬間に「あぁ、おいしい」としみじみ嬉しくなる味噌汁が、確かにあるのです。そういう味噌汁の作り手はきっと、頭であれこれ計算して作ったりはしていないでしょうね。祖母や母から伝えられた味。生まれ育った風土で培《つちか》われた味。毎日の生活の中から育まれた味――。

しかし残念ながら現代では、そうした食の伝承がうまくなされていません。ですからせめて、こうして言葉にして、お伝えしたいと思うのです。

味噌汁の前に、多様に使えるだしのとり方から、順を追ってご紹介しましょう。

家庭だしのとり方　（味噌汁4人分＝約3と½カップ）

一、鍋に水4カップ、だし昆布8～10㎝角1枚、かつお節12～15gを入れる。中火以下の火にかけて煮立てる。
二、気になればあくをすくい、きれいな琥珀《こはく》色が出たら火を止める。
三、昆布を取り出し、手つきのざるでだし汁をこす。

簡単なプロセスで、びっくりされたんじゃないでしょうか。だしをとるのって、簡単なんです。長期保存のきく乾物を利用して簡単にできる、すでにインスタントなものなのです。私たちのご先祖（だいぶご先祖ですね）は、本当に優秀でした。

さて、このだしは味噌汁にも煮物にも、おおよその家庭料理に使えるオールマイティなだしです。ですから〝家庭だし〟と呼ぶことにします。昆布とかつお節を一緒に煮出すので、濃すぎないけれど、しっかりとした味わい。すぐに使わなくても、風味が落ちにくいだし汁といえます。

でも、みなさんが〝だしのとり方〟と聞いたとき、すぐに思い浮かべるのはこんなとり方ではありませんか？　〝昆布を水に浸しておき、火にかけて煮立つ直前に取り出し、たっぷりのかつお節を入れてすぐに火を止めて……〟という手順でとるだし。これは〝一番だし〟といって、お料理屋さんのお吸い物専用のだしなのです。一番だしは、昆布やかつお節のうまみの上澄みとでもいうべき、いいところだけを抽出する贅沢《ぜいたく》なもの。だし汁そのものを味わうための、繊細で品格の高いおだしです。

味噌汁や煮物に、そこまで繊細なだしは必要ありません。ですから家庭料理には、先の〝家庭だし〟が手軽だし、広く使えておすすめなのです。

だしをとるときのポイントがひとつだけあります。「中火以下で煮立てる」こと。強火だと昆布からうまみが出る前に、湯が煮立ってしまいますね。また強火で加熱すると、かつお節が火傷《やけど》をするような感じで、風味が悪くなるのです。「中火以下」の火で、昆布が大きくなるのを待ってじっくりとうまみを出し、きれいな琥珀色が出るまで必ず煮立てる。こうすれば誰にでも簡単に、色も味わいもすっきりと澄んだうまいだし汁がとれます。

だしさえ濃ければ、味噌汁も煮物もうまくなると考える人もいるようですが、これは大きな間違いですよ。

味噌汁の主役は味噌です。味噌の風味が大切で、だしが出しゃばってはいけないのです。だし汁は「ちょっと薄いかな」と思うくらいがよいのです。だし汁が濃すぎると思われたら、水で薄めてから味噌汁に仕立てたほうがよいぐらいです。

味噌について

発酵食品の味噌は、日本人のおなかの調子を整え、健康の土台を作ってくれるものでもあります。味噌汁は毎日口にするのですから、味噌は家族の好みを優先して、毎日食べても飽きない味を探してください。

全国各地にいろいろな味噌があります。味噌汁に向く味噌選びのコツをひとつ申し上げるならば、昔ながらのきちんとした作り方の味噌ということ。時間をじっくりかけて醸《かも》し出された長期熟成のもの。良い味噌はよく発酵しているので、雑味がなくて味噌溶けが良いのも特徴です。

味噌をだし汁に溶くときはあわてないこと。火をつけっぱなしで味噌を溶いていると、おだしのほうがどんどん煮立ってくるでしょう。そんなときは火を止めて、ゆっくりと落ち着いて味噌で味つけしてください。それから火をつけて、静かにぐらりと煮立ったときが食べ頃です。一番おいしい瞬間で、これを〝煮えばな〟といいます。

味噌汁に溶く味噌の量は、控えめに加えたほうが失敗がありません。そして味をみて「少し薄いな」と感じたときは、味噌ではなく、しょうゆをほんの少し落として味をととのえるのがおすすめです。味噌はグツグツ煮立ててしまうと風味がとたんに落ちるので、必ず煮えばなをすすめてください。家族の誰かがあとで食べるようなときは、いったん味噌を溶かした状態で取り分けておき、食べる直前にもう一度温めるとよいでしょう。

味噌汁の実について

さて私は味噌汁をいただくのであれば、実だくさんのものよりも、さらっと吸って飲めるほどに、実が少なめの味噌汁が好みです。

我が家の定番の実はほうれんそう、大根、かぼちゃなど季節の野菜、油揚げ、豆腐、あさり、しじみなど。吸い口として、ねぎ、おろししょうが、こしょう、バターなどの香りをプラスして楽しんでいます。これだけでも相当、変化がつけられるものです。三百六十五日、飽きることがありません。

かぼちゃの味噌汁

○材料（4人分）
かぼちゃ····200g
油揚げ····1枚
家庭だし····3½カップ
信州味噌····50g弱

○作り方
1　かぼちゃは2㎝厚さに切る。油揚げは短冊に切る。
2　だし汁に油揚げを入れて火にかけて温め、かぼちゃを加えて柔らかく煮る。
3　味噌を溶き入れて、味をととのえる。

水とだし汁

若かりし頃、フランス料理界の長老的存在であるマルク・アリックス氏のリヨン郊外のお宅に、長らく居候《いそうろう》していたことがあります。そのお宅での食事は、どんなに素晴らしいものかと思うでしょう？　ところが、野菜スープにサラダにほんの少しの肉や魚、デザートには季節のフルーツとチーズ、という代わり映えしないメニューが、月曜日から金曜日までずっと続くのです。あまりの質素さに、ちょっと意外な気持ちがしました。

毎日出される野菜スープにしても、さまざまな野菜を細かく刻んで、バターで軽く炒め、水を加えて柔らかく煮て、塩とこしょうで味つけしただけのもの。ベースは水です。スープストックはおろか、コンソメの素さえ使いません。きっと、みなさんが食べたら「おいしくない」って思われるでしょう。それほどシンプルな味なんです。

最初は私も物足りなさを感じました。でも毎日のことですから、だんだんその薄味に慣れておいしく感じるようになりました。そしてスープストックでなく水のほうが、野菜の素朴なうまさが生きることに気づきました。うまみの強いお料理やごちそうは、週末や人と会うときに近所のレストランなどで食べるもの。家ではあくまでもシンプルなおいしさを味わう。こうしたフランスの食生活は、きわめて健康で健全だと私は思います。

だしの強いうまみがなければ、おいしい料理ができない、と考えないでください。家庭でお料理を作っていて水分が必要なときは、水で作ってみてください。インスタントのだしなどを使うより、すっきり、さっぱりとしたおいしさの料理ができるはずです。かぼちゃやれんこんなどの野菜を煮るときも、必ずしもだしを使う必要はないのです。だしの代わりにかつお節をひとつかみ鍋に入れて、水から煮てみましょう。インスタントのだしを使うよりも、ずっとやさしい味の煮物ができます。お料理屋さんでは、かつお節で汚れた煮物をお客様に出すことはできませんが、家でなら調味料などのうまみをじゅわっと吸ったかつお節も「これがおいしい」と逆に喜ばれるものです。だしじゃこ入りの味噌汁だって、家庭ではおいしいじゃないですか。

気取りのない、無理のない、贅沢をしない作り方が、家庭のお料理なのです。

れんこんの直がつお煮

○材料（4人分）
れんこん····500g
削りがつお····15〜20g
砂糖····大さじ4
しょうゆ····大さじ4
水····3カップ

○作り方
1　れんこんは皮つきのまま厚めの輪切りにし、流水にさらしてあく抜きをする。
2　鍋にれんこんを入れ、分量の水と削りがつおを加える。火にかけて、煮立ったらあくを取り、落としぶたをして中火で10分煮る。
3　**2**に砂糖を加え、落としぶたをして10分煮る。
4　しょうゆ大さじ3を加えて弱火にし、煮汁が½量になるまで（約15分）煮る。仕上げに残りのしょうゆを加え、しょうゆの香りを生かす。

魚の塩ふり

炊きたてのご飯、季節の野菜が入った味噌汁、それに香ばしい焼き魚。秋は日本の〝定食型ご飯〟のおいしさを、しみじみ感じる季節ですね。

ところがこの焼き魚、案外、焼くのが苦手という人が多いようです。おいしく焼き上げるコツはずばり、「塩」にあります。塩をふることで魚のうまみが引き出され、同時にほどよい味がつく。

切り身魚でも一尾の魚でも、魚をふんわりと焼き上げるには、「焼く直前に塩をする」のが基本です。早くから塩をすれば、魚の水けが出て固くなってしまいますから。でも中には、早めに塩を当てたほうが、おいしい場合もあるのです。

ころりとよく肥《こ》えて脂《あぶら》ののったさんま、いわし、ぶりなどがまさにそうです。焼く30分〜1時間前に塩を当ててください。脂が強い魚は塩がききにくいので、直前に塩を当てたのでは塩が回らず、魚のうまみが引き出されないからです。

水けの多いたら、甘鯛、まながつおなども、焼く1時間ほど前に薄塩を当てておきます。そのほうが身が締まって焼きくずれせず、風味がグッと良くなります。

魚に塩を当てるときは、本当に「当てる」んですよ。右手で軽く握った塩を、左手のひらにぶつけるようにして当て、ワンバウンドさせてから魚に落とす。こうすると塩の粒がパラパラとばらけて、魚全体にきれいにふることができます。何回かやるうちに上手になってきますから、ぜひ、値段も安くなる出盛りの魚で練習してくださいね。魚の塩ふりが上手にできるようになると、かなり気分がいいものです。

塩は魚の保存性を高める役割も果たします。鮮度の良さが特に味に関わってくるのが、魚の頭や骨です。鯛の頭を二つ割りにしたものを求めたら、すぐに薄塩を当ててきましょう。これで鮮度が落ちにくくなり、余分な水けが出ます。ペーパータオルで水けを押さえてから調理すれば、生臭みが出ず、焼いても蒸してもおいしくなります。

魚を冷凍する場合も、軽く塩をふり、30分ほどおいて塩が全体に回ってから冷凍庫に入れることをおすすめします。冷凍した食材を解凍するときは、どうしてもドリップが出るもので、このとき、水けと一緒に素材のうまみも抜け出てしまいます。しかし先に塩をした状態で冷凍しておけば、うまみは塩の力で閉じ込められて残り、ドリップには水分だけが抜けることになるのです。

さんまの焼き方　その一・網で焼く

さんまは先陣をきって出回り、いち早く秋を感じさせてくれる〝秋の切り込み隊長〟です。私はさんまが好きですね。毎年一番に口にすると、「ああ、これからは毎日さんまでもいい」と思うくらいです。

さんまは内臓を食べてナンボというものですから、鮮度の良いものを求め、内臓をしっかり焼いて食べていただきたいです。これが最高においしいんですから！

さて、さんまを何で焼きましょうか。

七輪？　夢のような話ですね。

ガスの火の上。それならば、焼き網を火から遠ざける工夫をしましょう。焼き魚は〝直火で遠火〟で焼くのがよいのです。五徳やレンガのブロックなどを置き、〝遠火〟を作ってください。熱効率を良くするために、高さのある鍋ぶたやフライパンなどを、焼き網にのせたさんまの上にかぶせるのがおすすめです。ただ、ガス台の上で焼き網で焼く場合は、二つ切りにしたさんまを一度に一尾分しか焼けず、手間も時間もかかるのが難点ですね。

レンジに付属の魚焼きグリル。やっぱり、これで焼くのが一般的ではないでしょうか。

魚焼きグリルにも、上火だけのもの、両面焼きのものなど、いろいろあるようです。みなさんからよく出るのは「さんまのどちら側から先に焼き始めればよいでしょうか?」という質問です。できあがりのさんまの盛りつけは、〝頭が左で腹を手前〟ということですから、熱源が下にある場合は表になるほうを下に向けて先に焼き始め、おいしそうな焼き色がつけば返して、そのまま焼き上げます。

熱源が上にある場合はどのようにすればよいでしょうか……。私でも一瞬、魚を置くときに迷ってしまうことがあります。何となくややこしいですよね。しかし覚えておかれるとよいのは、レンジが上火であっても下火であっても、また両面焼きであっても、最初は焼き上がったときに表になるほうを下に向けて焼き、ひっくり返して表を上に向けて焼くようにすればよいのです。そうすることで表面の水分や脂が下に落ちて、上になるほうは見た目にもきれいにカリッと焼き上がるわけです。

さんまの焼き方　その二・フライパンで焼く

この頃は、若い人のリクエストに応えて、フライパンでさんまを焼く方法を指導することもあります。ほかの魚でも幅広く応用できる焼き方ですので、覚えておかれるとよいですよ。

フライパンで焼く場合、もちろん、フライパンに入るようにさんまを二つに切ります。塩を当ててから、さらに小麦粉をサッとまぶします。粉は魚から染《し》み出てくる水分を止める役目をしてくれますし、皮がむけたりせず、きれいな焼き色がつきやすくなるんです。だからといってムニエルのように、まんべんなく粉をまぶす必要はありません。このあたりがなかなか説明しにくいテクニックなのですが、おなかのふくらみなど、火に当たりやすいところだけにサッとつければよいのです。

次にフライパンに油少々を入れて熱し、さんまを入れます。さんまの表面が白っぽくなった程度ですぐに返して、火をごく弱火にし、ふたをして蒸し焼きにします。約9〜10分で中まで火が通りますから、そうしたらふたを取り、火を強めて両面に焼き色をつけます。

つまり、蒸し焼きで中まで火を通してから、表面に焼き色をつける――これがフライパンでの焼き方なのです。この方法なら、表面はカリッとして、中はふんわりと焼き上げることができる。肉厚の太刀魚などをムニエルにするときにも役に立つ、実はこれ、フランス料理のテクニックなんですよ。

あ、そうそう。フライパン焼きのことを書いておりましたら、大切なことを思い出しました。話がさんまからちょっとそれますが、よろしいですか？

魚をおいしくソテーするコツ

魚のソテーやムニエルなどを食べていて、魚がとても油臭いというか、油で焼いた魚独特の〝おいしくないにおい〟を感じることってありませんか？　これはフライパンにひいた油の温度が高くなりすぎて、油が傷《いた》んでしまっているのです。レストランでいただく、皮をカリッと香ばしく焼き上げたような魚料理でも、ときどき、こんなにおいがすることがありますね。とても残念です。

においの原因はどこにあるのか、検証してみましょう。

まず、フライパンに油を熱して魚を入れます。最初は比較的、強い火で焼きます。香ばしく焼き色がつけば、魚を返します。

と、ほら、ここに問題があるのです。魚を返してからも同じ油で焼き続ければ、高温になりすぎて傷んだ油で魚を調理することになる。これに魚からにじみ出た脂が混じり合い、結果的に、とても嫌なにおいの油で魚を焼き上げることになってしまうんです。

もちろん、解決する方法はあります。魚を返すときに、バターを少し足してやればよいのです。バターが入れば温度が上がりすぎることもなく、バターの良い風味がプラスされて、魚がよりおいしくなります。または、黒く傷んだ焼き油をキッチンペーパーに吸わせて取り除き、新しい油を加えて焼き上げる方法もよいですよ。途中で油を足すか入れ替えるなどして、きれいな油で最後まで焼けば、嫌なにおいはしないものです。

話がさんまからそれてしまったついでに、とびきりおいしい〈太刀魚のムニエル〉のレシピをご紹介しましょう。太刀魚も秋が旬。泡立ったバターで包み込むようにして焼く、秋のごちそうです。

太刀魚のムニエル

○材料（4人分）
太刀魚（1切れ80ｇ）
　‥‥4切れ
塩、こしょう‥‥各適量
小麦粉‥‥適量
サラダ油‥‥大さじ1
バター‥‥40ｇ
レモンバターソース
　レモン汁‥‥1個分
　バター‥‥30ｇ

○作り方
1　太刀魚は、塩、こしょうをして、小麦粉を腹の中までよくまぶし、余分な粉をはたき落とす。
2　フライパンにサラダ油、バターを入れて中火にかけ、バターが溶けて泡立ったところに魚を入れる。
3　まずはサッと焼いて表面に火を通し、次にふたをして火を弱め、蒸し焼きにして中まで火を通す。
4　最後にふたを取って火を強め、両面に焼き色をつけてカリッと仕上げる。
5　鍋に、レモンバターソースのバターを入れて中火にかけ、泡立ちが静まって少々色がついたところにレモン汁を絞り入れる。**4**の魚にレモンバターソースをかけていただく。

いかを柔らかく煮る

涼しくなってくると、なぜかしょうゆの香りが恋しくなります。日本人が大好きないかを、柔らか〜くしょうゆ味で煮たお料理なんて、最高じゃないですか。

いかはともすると輪ゴムみたいに固くなってしまって、これはお世辞にもおいしいものとは言えないですね。

いかを柔らかく煮るには、二つの方法があります。ごく短時間でサッと仕上げるか、30分以上時間をかけて煮るか。このどちらかです。

短時間で煮る調理法に、〈いかの照り煮〉があります。剣先いか、するめいかなどで作ると、とてもおいしいお料理です。

酒、みりん、砂糖、しょうゆを煮立てたところへ、1㎝幅の輪切りにしたいかを入れて、すぐに網じゃくしで取り出します。本当に、いかの色が変わるかどうか、といった程度にサッと火を通すだけです。これを3〜4回繰り返したのちに、煮汁だけを煮つめて、最後にいかを鍋に戻し入れ、煮汁にからめてできあがり。

「ようやく火が通ったかな」というぐらいの、ふっくらと柔らかないかに、甘辛い煮汁の照りがとろりとからまって、えも言われぬおいしさですよ。酒の肴《さかな》にもうってつけです。網じゃくしで取り出すと時間がかかるようならば、ざるをボウルで受けたところへ、サッと火を通したいかをあけて、ボウルにたまった煮汁を鍋に戻して、いかを入れて……をスピーディに繰り返してもよいでしょう。とにかく手早く作るのがコツです。

一方、30分以上煮るお料理は、いかのたんぱく質の組織が壊れて柔らかくなるんです。長く煮ることで、いか特有の甘み、うまみも出てきます。

〈いかと豚肉の煮物〉は、するめいかと豚ばら肉で作ります。ご飯によく合う煮物です。中華鍋にサラダ油をひいて、長ねぎ、しょうがを炒めて香りを出し、1cm厚さの豚ばら肉を焼きつけます。ここへ輪切りにしたいかを加えてサッと炒め、水をひたひたに加えて、酒、砂糖、しょうゆで味をつけ、落としぶたをして中火で30分ほど煮ます。

いかからも肉からも良いだしが出て、とってもおいしいお料理です。中国のおばんざい料理からヒントを得たレシピですが、海のものと野のものが混ざり合うと、こくが増して、なんとも豊かな味わいになるんですね。柔らかいいかを噛《か》みしめると、ジュッとうまみが口の中に広がります。

いかと豚肉の煮物

○材料（4人分）
するめいか‥‥2はい
豚ばら肉（かたまり）‥‥500g
　しょうゆ‥‥大さじ1
長ねぎ（ぶつ切り）‥‥1本
しょうが（薄切り）‥‥25g
煮汁
　しょうゆ‥‥大さじ3
　酒‥‥½カップ
　砂糖‥‥大さじ3
　水‥‥3カップ
サラダ油‥‥大さじ2

○作り方
1　するめいかは、わたなどを取り除いて、水洗いする。胴は皮ごと2.5cm幅の輪切り、足は3本ずつに切り離す。
2　豚ばら肉は1cm厚さに切り、しょうゆをまぶして下味をつける。
3　中華鍋にサラダ油を熱し、長ねぎ、しょうがを香り良く炒め、豚肉を加えて強火で炒める。豚肉に色がついたら、いかを加えてサッと炒める。
4　煮汁の材料を加えて、煮立てる。あくを取り、火を弱め、落としぶたをして約30分、煮汁が⅓量になるまで煮る。

いかの照り煮

○材料（4人分）
するめいか‥‥1ぱい
煮汁
　しょうゆ、酒
　　‥‥各大さじ3
　みりん‥‥大さじ2
　砂糖‥‥大さじ1
粉山椒、または七味唐辛子
　‥‥適宜

○作り方
1　いかはわたごと足を引き抜き、軟骨やわたなどを除き水洗いする（皮はむかない）。胴は1cm幅の輪切りにし、足は1本ずつ切り離す。
2　鍋に煮汁の調味料を合わせて強火にかけ、煮立ったらいかを入れる。すぐに網じゃくしでいかを取り出し、煮汁を軽く煮つめる。
3　いかを戻し入れて煮汁をからめ、なじんだら再びいかを取り出し、煮汁を軽く煮つめる。これを3〜4回繰り返す。
4　最後の仕上げには、充分に煮汁を煮つめて、いかを入れ、濃い煮汁をからめて煮上げる。好みで粉山椒などを添える。

ひき肉を考える

ギョーザにシューマイ、ピーマンの肉詰め、ハンバーグにミートローフ……。ひき肉を使ったお料理は、経済的で家庭的。なんだかホッとする感じがあります。だけど不思議な気もします。ひき肉を店頭に並べて売っているのを、外国ではあまり見かけないのです。それは、ひき肉にしてしまうと極端に、肉の鮮度の落ちが早くなるからなのでしょう。鮮度が落ちやすいということは、それだけ、おいしさも失いやすいということです。なんだか考えさせられますね。肉食文化の欧米では、手回しのミートチョッパーが家庭にもあって、少量でもひき肉にできるから大変便利。肉をひくのはたいてい男の役目であり、楽しみでもあります。

中国料理にしても、よく、厚いまな板と大きな包丁で、肉を細かくミンチ状に切っているシーンを目にしますよね。

そこで提案です。ひき肉を自分で作ってみませんか。豚ばら肉のかたまりを自分で切って、豚のひき肉を作るのです。これをするだけで、私たちのいつものギョーザの味が、ピーマンの肉詰めが、格段にレベルアップすること間違いなしです。

豚ばら肉のかたまりを、まずは5㎜厚さの薄切りにします。これをさらに棒状に切り、小口から切っていくのです。さほど細かくしなくても大丈夫ですよ。粗みじんぐらいの細かさで充分。そのあとでトントントンと、包丁で適当に叩きます。

これが家庭で作る〝手切りのひき肉〟です。家庭料理であれば使う分量も少ないですから、力も時間もかかりません。

ギョーザを作るとき、手切りのひき肉を手でよく混ぜると、白っぽくなって粘りが出ます。見るからにおいしそうな粘りです。できあがりはもちろん、肉の味がしっかりしていて、歯ごたえがあり、とてもジューシー！

麻婆《マーボー》豆腐に、〈なすの肉詰め〉に、オムレツの具に、ぜひ、いろいろなレシピで試してみてください。この手作りひき肉で〈大きいシューマイ〉を作ったら、これまで食べてきたものとあまりに違って、きっとおいしさで目を丸くするでしょう。

普段よく知っている料理というのは、みんながあらかじめ〝この程度の味〟と想像しているものです。それが思っている以上においしければ、良い意味で期待を裏切られて、人は大変満足するのです。手作りのひき肉で、ご家族の期待、裏切ってください。

なすの肉詰め

○材料（4人分）
なす····小6本
肉だね
豚ばら肉（かたまり）····300g
しょうゆ····大さじ2
酒、ごま油····各大さじ1
塩····小さじ½
溶き卵····½個分
しょうが（みじん切り）····20g
片栗粉····大さじ1
片栗粉、揚げ油····各適量
ポン酢、もみじおろし····各適宜

○作り方
1　なすはがくを取って縦半分に切り、切り口の身を浅く削ってくぼみをつける。削り取った身は粗く刻む。
2　豚ばら肉のかたまりは棒状に切ってから細かく刻み、さらに包丁で叩いて、手切りのひき肉にする。
3　**2**を粘りが出るまでよく練り、肉だねの調味料をすべて加えてよく混ぜる。刻んだなすも加えて混ぜる。
4　なすの切り口に茶こしを通して片栗粉をふる。**3**の肉だねをのせて形を整え、肉だねの上にも片栗粉をふる。
5　165℃に熱した揚げ油に**4**を入れ、返しながら火を通す。揚げたてを、ポン酢、もみじおろしなどでいただく。

大きいシューマイ

○材料（8個分）
ギョーザの皮‥‥8枚
豚ばら肉（かたまり）
‥‥200g
玉ねぎ（あられ切り）
‥‥200g
しょうが（みじん切り）
‥‥15g
長ねぎ（みじん切り）
‥‥50g
片栗粉‥‥1/3カップ
a 塩‥‥小さじ1/2
みりん‥‥大さじ1
しょうゆ‥‥大さじ1 1/2
ごま油‥‥大さじ1〜2
サラダ油、しょうゆ、練りがらし‥‥各適量

○作り方
1　豚ばら肉のかたまりは棒状に切ってから細かく刻み、さらに包丁で叩いて、手切りのひき肉にする。
2　ボウルに豚肉を入れて、粘りが出るまで練る。しょうが、長ねぎ、aの調味料を加え混ぜる。片栗粉をまぶした玉ねぎを、押さえるようにして合わせる。
3　**2**の具を8等分にし、ギョーザの皮にのせて形作る。
4　サラダ油を塗った蒸し器に並べ入れ、強火で12〜13分蒸す。からしじょうゆを添えてすすめる。

自慢のハンバーグを作る五つの法則

ハンバーグは定番の人気メニュー。大人も子供もみんなが好きなお料理ですが、案外、おいしく作れないという声を聞きますね。「ファミリーレストランのほうがおいしい」ですって⁉　そんなの悲しいですね。

これはもう、自信満々に言わせてもらいますが、私のレシピの分量で作っていただけたら絶対においしいです。本当です。みなさん、そう言ってくださいますから。ふっくらとして、柔らかいんです。肉がとてもジューシーなんです。もちろん、レシピに忠実に作っていただければ、誰にも失敗なんてありえません。

おいしく作るには、五つの法則があります。

一番目の法則は、なるべく良い肉屋さんで、ひきたてのひき肉を買ってくること。かたまり肉をひいてもらえたらベストです。

前の項で〝手切りのひき肉〟を紹介しましたが、さすがにハンバーグのひき肉を自分で切るのは大変です。しかし、ひき肉はこしょうと同じように本当にひきたてが一番ですから、ご近所で、できるだけ良い状態の肉を手に入れることを考えてください。使うのは、牛肉と豚肉の合いびきです。

二番目の法則は、ひき肉と同じくらいの量の玉ねぎを入れること。量とは重さでなく、カサです。結構、多いでしょう? これがポイントです。

三番目の法則は、玉ねぎを茶色く炒めておくこと。

ロールキャベツやシューマイの玉ねぎは生でいいのですが、ハンバーグのような〝焼く〟料理の場合は先に炒めておかないと、肉を焼くときに玉ねぎから水けが出てしまうのです。

四番目の法則は、パン粉ではなく食パンを使うこと。

パサパサに乾いたパン粉よりも、しっとりと焼かれたおいしい食パンを使ったほうが、ハンバーグはおいしくできます。牛乳にひたしたものを、たねに混ぜ込んでつなぎとします。

五番目の法則は、たねを皿からフライパンに滑らせて入れること。

私のハンバーグだねは、とても柔らかいのです。柔らかすぎて扱いにくいんです。油をつけた手でようやく楕円《だえん》形にしたら、油を塗った平皿にのせておきます。そして焼くときは、その平皿を傾けてフライパンにたねを入れるわけです。こうしないと形がくずれてしまう。それほどに柔らかいたねだから、焼き上がりもふっくらと柔らかな〈ハンバーグ〉なのです。

ハンバーグ

○材料（4人分）
合いびき肉‥‥500g
玉ねぎ(みじん切り)‥‥大1個分
食パン(6枚切り)‥‥1枚
牛乳‥‥½カップ
溶き卵‥‥1個分
塩‥‥小さじ1
こしょう、ナツメグ‥‥各少々
サラダ油‥‥適量
ソース
トマトケチャップ‥‥⅔カップ
ウスターソース、赤ワイン‥‥各大さじ2
練りがらし‥‥大さじ1

○作り方
1　食パンをちぎって牛乳にひたしておく。サラダ油大さじ1を熱したフライパンで玉ねぎを色づくまで炒めて、冷ましておく。
2　ボウルに合いびき肉、溶き卵を入れ、混ぜる。**1**を加え、塩、こしょう、ナツメグを入れて粘りが出るまでよく混ぜる。
3　**2**のたねを4等分にし、サラダ油を塗った手でたねをひとつずつ、ドリブルするみたいに回転させて、空気を抜きながら楕円形にまとめる。サラダ油を塗った皿に並べる。
4　サラダ油大さじ2を熱したフライパンに、**3**の皿を傾けてたねを滑らせ入れる。中火弱で焼き、こんがりと焼き色がついたらフライ返しで返して、ふたをして弱火で6〜7分、蒸し焼きにする。
5　ハンバーグを焼いたあとのフライパンに残った余分な油を捨て、ケチャップを入れて軽く火を通す。ウスターソース、赤ワインを混ぜ、練りがらしも混ぜてソースを作り、ハンバーグにかけていただく。

秋の里の芋——子芋と親芋

古くは〝芋〟というと里芋のことでした。山芋に対して里芋。のどかな風景が目に浮かびますね。里芋は米と同様に、古来から儀礼などに使われてきた野菜です。親芋に子芋（小芋）がくっつくので子孫繁栄の意味もあり、おせち料理にも欠かせない素材です。

中秋の名月に、すすきと一緒に〝衣《きぬ》かつぎ〟を供える風習がありますが、それはこの時期が里芋の収穫時期に当たるから。秋口に新しく生まれた子芋を食べて秋の始まりを感じ、しばらくして秋が深まる頃においしくなった親芋を味わう。昔から日本では、そんなふうに季節と食が密接に結びついていたのです。風がだんだん冷たくなる、夕日が低く赤くなる、闇が降りるのが早くなる……。ひとつの季節の中でも、自然は刻々と姿を変えていきます。ほっくり煮えた里芋を味わうことで、そんな季節の移ろいに、私たちは寄り添うことができるのです。

秋は里芋。お月見の頃に、まずは子芋を煮て味わいましょう。〈子芋の煮ころがし〉

です。子芋は土を洗い流し、包丁の背で皮をこそげます。真っ白になるまでこそげなくてもよいのです。適当に皮が残っている風情も、野趣めいて面白いものです。下ゆでせずにサラダ油で10分ほどかけてしっかり炒め、全体に焼き色をつけるのがおいしさの秘訣。途中でちょっと手を止めて、気長に炒めてください。油でしっかり炒めることで、煮くずれしにくくなります。次に家庭だしをひたひたに注ぎ、沸いたら砂糖、みりん、しょうゆを加えてコトコトと弱火で煮含めます。これが〈子芋の煮ころがし〉。素朴ながらも香ばしくて、とってもおいしいお料理です。

秋の里の芋。師走のあわただしさが始まる前に、親芋のほうも〈里芋と厚揚げの煮物〉などでしみじみと味わってくださいね。

里芋と厚揚げの煮物

○材料（4人分）
八頭芋····700g
厚揚げ····200g（1丁）
家庭だし····2½〜3カップ
砂糖····大さじ4
しょうゆ····大さじ3

○作り方
1　八頭芋は皮をむき、二つ〜四つ切りにしてから2.5cm厚さに切る。とぎ汁または水で、4〜5分下ゆでする。
2　厚揚げは食べやすく切る。
3　鍋に芋、厚揚げを入れ、かぶるくらいのだし汁を入れて火にかけ、煮立ったら、あくを取り、砂糖を加えて落としぶたをして、10分ほど煮る。
4　しょうゆを加え、さらに煮汁が⅓量になるまで、落としぶたをして煮る。

子芋の煮ころがし

○材料（4人分）
子芋····1kg
サラダ油····大さじ2
家庭だし····1½〜2カップ
砂糖····大さじ3
みりん····大さじ2
しょうゆ····大さじ3

○作り方
1　子芋は土を洗い流し、包丁の背で皮をこそげ取る。
2　鍋を熱してサラダ油をなじませ、子芋を加えて転がしながら中火でしっかりと炒める。全体に焼き色がついたらだし汁を注ぐ。
3　煮立ったら、砂糖、みりんを加え、落としぶたをして中火で6〜7分煮る。
4　しょうゆを加え、弱火で煮汁が⅓量になり、子芋が柔らかくなるまで煮る。

芽の出たじゃが芋の味

じゃが芋は、春と秋の二度収穫が可能なことから、〝二度芋〟という言い方をされることもあります。

子供の頃、じゃが芋の保存は「黒い袋に入れて涼しいところに置く」と教えられました。これは光に当たると芽が出るからで、芽にはソラニンという、食べればおなかが痛くなる毒素がある、ということも、私たち世代なら、みんなが知っている一般常識でした。でも、ふと気がつくと、そんな知識さえ忘れてしまうほど、長らくじゃが芋の芽など見ていないではないですか。不思議に思って調べると、特別な農薬で芽止めしているらしいですね。

ある農家から、芽の出たじゃが芋を分けてもらったことがあります。さっそく牛肉と煮つけた〈牛じゃが煮〉でいただくと、子供の頃によく口にした風味豊かな味わい。久しぶりに本物のじゃが芋を食べた印象で、「そや、こんな味やった！」と記憶がよみがえりました。

じゃが芋は芽が出れば、指で摘んで除いてから保存します。多少しなびたようになりますが、そのくらいのほうが味は良いものです。

考えてみてください。芽が出る芋は生きています。秋に収穫された芋を北海道では、土に埋めて雪の下で室芋《むろいも》として春まで保存するのです。こうすると味が良くなるというのが先人の知恵でした。室芋として休眠しているじゃが芋は、土の中で春を待ち、エネルギーを再び蓄えて、木々の芽吹く頃、再びおいしくなるのだと私は想像します。なぜなら芽が出る瞬間は、命が動く瞬間なのですから。

生きている、本当の野菜のおいしさに、私たちはもっと関心を持ってもよいのかもしれません。

牛じゃが煮

○材料（4人分）
じゃが芋‥‥400g
牛ばら肉(かたまり)‥‥300g
［しょうゆ‥‥大さじ1
　こしょう‥‥少々
にんにく‥‥5かけ
酒‥‥1カップ
水‥‥3カップ
砂糖、しょうゆ‥‥各大さじ2
サラダ油‥‥大さじ3
絹さや(塩ゆでしたもの)‥‥適量

○作り方
1　牛ばら肉は一口大に切り、下味をつける。
2　じゃが芋は皮をむき、一口大に切って水にさらす。にんにくは軽くつぶす。
3　深めのフライパンにサラダ油を熱し、水けをきったじゃが芋を炒めて、油が回ったらにんにくを加えて炒め、香りが立ったところで、いったん取り出す。
4　フライパンにサラダ油を足し、続けて牛肉を焼き、色が変わったら**3**を戻し入れ、酒、水、砂糖、しょうゆを加える。あくを取り、落としぶたをして、煮汁がほぼなくなるまで中火弱で煮る（約20分)。
5　塩ゆでした絹さやを加えてなじませる。

じゃが芋のでんぷん、生かすか殺すか

じゃが芋はレシピが必要ないくらい、簡単なお料理もおいしいもの。私がよく作るじゃが芋のシンプル料理を紹介しましょう。まずひとつは、〝じゃが芋の重ね焼き〟です。

皮むき器でじゃが芋の皮をむき、1〜1・5㎜厚さのごく薄切りにします。切りたてをすぐ、サラダ油とバターを熱したフライパンに入れて、少し重なるようにして広げて焼きます。こうして切りたてを水洗いもしないで焼くと、芋のでんぷん質が残っているので、芋どうしが適当にくっつくんですね。丸くて平べったい、一枚の大きなガレット状になるのです。

焦げ目がついたら裏返して、両面にしっかりと香ばしい焼き色をつけます。味つけは塩をパラパラと控えめにふるだけで充分。表面はカリッとなり、重なったところの中身はしっとり柔らか。じゃが芋のでんぷん質がそのまま残っているので、餅のような粘りも出る。芋そのものの真の味わいがあり、実にうまいですよ。

もうひとつ、よく作るのは、〝じゃが芋の直焼《じか》き〟です。

皮をむいてせん切りにしたじゃが芋を、水に2~3分さらして、でんぷん質を抜きます。ざるに上げて水きりをし、油をひいた熱いフライパンに入れて、強火であおるようにして短時間で炒め上げます。一緒に桜えびや岩のりなど、香りの良いものを炒めてもよいですね。味つけは塩、こしょう程度であっさりと。このように、じゃが芋のでんぷんを抜いてから調理すると、サクサクとした歯切れの良さが生きるのです。

でんぷんを生かせばもっちり、殺せばサクサク。いつも台所に転がっているじゃが芋は、実に私たちをいろいろに楽しませてくれる食材です。

自家製フライドポテトのすすめ

フライドポテトはファストフード店で食べるものでしょうか。そういう店ではあらかじめ下揚げしたじゃが芋を冷凍しておき、オーダーが入ってからもう一度揚げるシステムをとっています。熱々はそれなりにおいしいのでしょうが、冷凍した芋というのは、でんぷん質が破壊されているので、芋そのもののうまさはありません。油のこくや塩分でおいしく感じているのかもしれませんね。

ご家庭でフライドポテトを作ったことがありますか？　ものすごーく、おいしいものですよ。だまされたと思って、一度作ってみてください。お子さんはもちろん、男性陣にも好評を得るはずです。

皮をむいたじゃが芋を1cm角の棒状に切り、水に1時間ほどさらします。でんぷんがたくさん残っていると、揚げたときに焦げやすいので、一晩水につけておいてもかまいません。

じゃが芋の水けをきり、油に入れます。火をつけたばかりの、常温の油から揚げてよいのです。火加減は最初は中火強くらいにしておいて、徐々に温度を上げて芋に火を通します。水からじゃが芋をゆでるときのように、〝油でゆでる〟ような感覚で火を通すわけです。細い竹串で刺して固さを確かめ、柔らかくなっていれば、じゃが芋を取り出します。この時点ではあまり色づかず、白いままで中まで火が通っている状態です。

これを食べる直前にもう一度揚げますが、大切なのは揚げ網の上で一度冷ますこと。このひと手間で余分な水分が抜けるのです。時間のある昼間の早いうちから、下揚げしておいて、いただく直前にサッと揚げれば段取りがいいですね。

2度めに揚げるときは180℃に熱した油に入れて、外側をカリッとさせて色づけます。引き上げたじゃが芋は新聞紙の上に広げ、全体に塩をふります。そして新聞紙でくるみ、両端を絞って両手で持ち、左右に数回振ってください。これで表面の油が取り除かれ、同時に塩も全体に行き渡ります。

おやつに良し、ビールのおつまみに良し、ステーキなどのつけ合わせに良し。

そうそう、おいしいフライドポテトは塩も大切な要素。天然のうまい塩を使ってくださいね。

素晴らしくうまいポテトサラダ

〈ポテトサラダ〉はお好きですか？　もはや日本料理の定番といってもよいお料理ですが、意外においしく作れないとおっしゃる方も多いようです。そこで今回はおいしいポテトサラダが作れるように、レシピの裏の裏まで懇切ていねいにご指導いたしましょう。

では、さっそく始めます。紙上のお料理教室です。

一、じゃが芋は皮をむき、3つ～4つに切る。

お料理の本にこう書いてあるとき、いつもどんなふうに切っていますか？　材料は同じぐらいの大きさに揃えるのが、お料理の鉄則。たとえばじゃが芋を3つに切るなら、T字形の3等分にしたほうが、だいたいの大きさが揃います。

二、じゃが芋を鍋に入れ、かぶるほどの水を入れて火にかける。

「えっ、皮をむいてゆでて水っぽくならない？」「蒸したほうが、じゃが芋のうまさが引き立つのでは?」という声が聞こえてきそうですね。しかし断言します。じゃが芋は皮をむいて切った状態でゆでてください。このほうが、蒸したり、皮ごとゆでたりするよりも煮くずれしにくく、水っぽくもならず、ほどよく水分が残って、しっとりとしてうまい、のです。

三、充分に煮立ったら弱火にし、串を刺してみて「柔らかい!」と感じるまでゆでる。

串がやっと通る程度ではダメなのです。スーッと、なんの抵抗もなく通るまで、じゃが芋を充分柔らかくゆでてください。じゃが芋をゆでている間に、ほかの材料の下ごしらえをします。

四、さらし玉ねぎを作る。

〝さらし玉ねぎ〟といえば、玉ねぎを水にさらすものだと、みなさん思われているようですが、それは違います。正解はこうです。玉ねぎをみじん切りにしたら、固く絞ったさらしふきんに包み、塩を小さじ1杯ほど入れてなじませ、てるてる坊主のように口をキュッと絞って持ちます。そして坊主の頭を手のひらでやさしくもむのです。しばらくすると玉ねぎのぬめりが出てきますから、これを水の中でもみ洗いしてぬめりを落とし、ふきんをゆるめて塩味も洗い流すように固く絞ります。こうすることで臭みがほどよく抜けて、透き通ったのが〝さらし玉ねぎ〟なのです。
五、きゅうりを小口切りにして塩でもみ、しんなりさせる。にんじんは2㎜厚さのいちょう切りにしてゆでる。
六、卵は水からゆで、煮立ってから7分30秒加熱して、色鮮やかなゆで卵を作る。あればエッグカッターで、角度を変えて2度カットして粗みじんにする。
七、ロースハムは1㎝四方に切る。
八、ゆで上がったじゃが芋の湯をきり、熱いうちに木じゃくしで好みにつぶす。乾かないようにぬれぶきんなどをかけて冷ます。
九、四〜八の材料をすべてボウルに入れ、レモン汁、マヨネーズ、好みでオリーブオイルを回しかけて、ざっくり和える。

この〝ざっくり和える〟もポイントです。決して混ぜすぎないこと。混ぜすぎれば、じゃが芋の粘りが出てしまいます。ポテトサラダに限ったことではなく、サラダや和え物など、複数の素材をドレッシングやソースで和えるお料理に、混ぜすぎは禁物《きんもつ》です。完全に混ざらずに、材料それぞれの色や形や味わいが残っていたほうが、口に入れたときにおいしいのです。絵の具でも三色以上を混ぜると、完全に混ぜればひとつの色になってしまい、きれいな色も濁ってしまう。味も同じこと、混ざった味は濁った味なのです。また、ドレッシングやソースで、食べる直前にあえることも大切です。

どうでしょう？　たかが芋のサラダと思うなかれ、という感じでしたね。そう、実はポテトサラダには、お料理の基本中の基本がたくさん詰まっているのです。ですから、これがおいしく作れるようになれば、ほかの料理の腕も上がっていると考えて間違いなし。ぜひとも、上手になってください。

ポテトサラダ

○材料（4人分）
じゃが芋····400g
玉ねぎ····90g
きゅうり····50g
にんじん····50g
ロースハム····50g
卵····2個
マヨネーズ····50g
塩、こしょう····各適量
レモン汁····½個分

○作り方
本文（165～167ページ）参照

冬は菜っぱ。
ゆでて、炒めて、鍋にして。
白い野菜のみずみずしさ、
こってり煮魚にも舌鼓《したつづみ》。

冬の菜っぱは〝蒸しゆで〟に

カパッと割ったとき、透明なつゆがキラキラしているような白菜に出合うことがあります。あるいは、ゆでたほうれんそうの根っこの赤いところ、甘くてびっくりしたことがありませんか。白菜、小松菜、ほうれんそう、春菊、キャベツ、水菜……。寒さに強い、冬が旬の野菜です。寒くなればなるほど、柔らかくなっておいしさを増す野菜です。日本の冬には、こうした野菜を手を替え品を替え、毎日食べる楽しみがあります。

気温が下がると、野菜は自ら凍らないようにと、糖分を増やすのだそうです。だから甘くて、みずみずしさが内に閉じ込められた、おいしい野菜ができるんですね。栄養価もぐんと高くなり、季節はずれの温室栽培のものと比較すると、ビタミン類は三倍にも増えるとか。おいしさと栄養の関係はイコールで、味の良い野菜は栄養価が高いということです。

この時期のおいしい菜っぱ、まずは〝蒸しゆで〟で味わってください。

少量の湯で、菜っぱに火を通すのが〝蒸しゆで〟です。この方法ですと、菜っぱの栄養価を損なわずに、効率よく火を通すことができます。

きちんとふたのできる広口の鍋か、ふたつきのフッ素樹脂加工のフライパンに、水を1/3カップほど入れて強火にかけます。煮立ったところへ菜っぱを入れるのですが、このとき、根と葉が交互になるように重ね入れると、野菜が均等に鍋におさまります。

ふたをして強火で1分もすれば、ふたの隙間から蒸気が漏れてきます。これを目安にふたを取り、菜っぱを一度、箸で返します。もう一度ふたをして、再び蒸気が漏れてくればできあがり。すぐに冷水にとって熱を取ります。

ねっ、とても簡単でしょう? それに何しろ早いんです。鍋の大きさにもよりますが、一度にほうれんそう小1わ程度なら、この方法でオーケーなんですよ。それ以上の量になれば、たっぷりの湯を沸かしてゆでるのをおすすめしますが。

白菜やキャベツを〝蒸しゆで〟したときは、蒸し上がったらざるにとって、塩少々をふって冷まします。塩をふると野菜の甘みがぐんと引き出されて、とってもおいしいです。食べやすく切って、ごま和えや煮びたしにいたしましょう。

この〝蒸しゆで〟を応用して作ったホットサラダ(64ページ)も紹介しています。まだまだ応用範囲の広がりそうな、古くて新しい調理法です。

青菜のおひたし、菜っぱの炊いたん

冬のおいしいほうれんそうや小松菜、色良く〝蒸しゆで〟にしたら、どんなふうに食べましょうか。シンプルなお料理こそ、素材のおいしさが引き立つものです。まずはやっぱり、青菜のおひたしでしょう。

〝蒸しゆで〟にした青菜は水にとって冷まし、水けをよく絞ります。食べやすく切って小鉢に盛り、煎《い》った削りがつおをかけます。これにしょうゆをたらして食べるのが、〝家庭のおひたし〟。フレッシュで、キリッとしたおいしさですよね。

一方、〝料理屋のおひたし〟、ご存じでしょうか。たいてい、塩味をつけただし汁にひたしてあります。だから、〝家庭のおひたし〟とは別の味です。だしのうまみで食べるというか。こちらのおひたしのほうが品が良くて、高級な感じがして「本物！」と思われるかもしれませんが、実はこのおひたしには理由があるのです。

水けを絞った青菜は、冷蔵庫にしばらく入れておくと味が変わってしまいます。下ごしらえを早くすませておきたい料理屋では、青菜の味の変わるのを嫌うため、ゆでてからお客様にお出しするまでの時間を考えて、だしにつける方法をとるわけです。

昨今は家庭料理に〝プロの技〟を取り入れるのが流行っていますが、そうした技のすべてが毎日の食事に向くものとは限りません。野菜そのもののおいしさや栄養価では、ゆでたての青菜にしょうゆをたらり、のおひたしのほうに軍配が上がるのです。

おひたしの次にシンプルな青菜のお料理といえば、〝菜っぱの炊いたん〟でしょう。関西のどの家庭でも、しょっちゅう作る野菜の副菜です。〝煮びたし〟といわれることもあります。昔ながらの作り方は、鍋にだし汁を1㎝ほど入れて、刻んだ油揚げを入れて火にかけます。煮立ったら塩だけで味をつけ、〝蒸しゆで〟にして固く水けを絞った菜っぱを入れます。箸でほぐして、再び煮立ったらすぐに火を止めます。鍋底を水に当てて冷やし、青みを残して仕上げれば上出来です。だしの味と油揚げのうまみがきいた、おいしい菜っぱ料理です。

〝菜っぱの炊いたん〟にはもうひとつ、菜っぱを下ゆでしないで作る方法もあります。切った青菜を油で直炒《じかいた》めにして、しんなりしたところへ、だし汁、油揚げを入れ、塩味をつけてひと煮します。これは油で炒めますから、こくが出て味の強い〝菜っぱの炊いたん〟。若い人に喜ばれる青菜のお料理です。

「シャキッと炒める」極意　青菜ともやし

甘くてうまみの濃い冬の青菜を、シャキッと炒めた一皿は最高です。

しかし青菜の炒め物は、ごくシンプルなお料理ですから、店ではお金がたくさんいただけないもので、メニューにもなりません。それでお店では具がいろいろ入った五目炒めになったり、肉の細切りなどが加わったりしているわけですね。

家庭でも、肉などの具をいろいろ加えて炒めれば、それ一品で満足のいくおかずになると考えがちです。しかし火の通り具合も、味わいも異なる数種類の材料を炒め合わせるのは、実は高度なテクニックを要すること。それに具材が多くなれば、ただ「炒め物を食べた」という印象しか残らない。そのお料理の〝主役〟が何であるか、ぼやけてしまうのです。

おいしい冬の青菜は、単品炒めで味わってください。家庭で作らないと、なかなか食べる機会がないお料理です。

〝青菜〟というのは、小松菜、ほうれんそう、なたね菜、冬菜、その他、各地方に身近にある葉物、関西の言葉で言うと菜っぱです。中華料理のチンゲンツァイやターツァイも青菜ですね。みんな、同じ方法で炒めてよいのです。

　まずは青菜を洗います。野菜はふつう、切る前に洗うのが常識で、切ってから洗えばビタミンが溶け出し、水臭くなるように思われています。しかし私は青菜は切ってから洗います。そのほうが合理的で手際が良いからです。

　青菜の根を切り落とし、根元に十文字の切り込みを入れ、4cm長さに切ってボウルのため水に放ちます。根元を裂いて、中に入り込んでいる土を落とすようにし、サラダ菜を洗うときのように、水を何度か取り替えてよく土を洗い流します。このようにしないと、根元にはさまった土は取れません。この作業が面倒くさいからといって、根っこと一緒に茎の根元の食べられるところまで2〜3cmも切り落とす人を見かけますが、冬のほうれんそうの赤いところ（驚くほど甘いのですよ！）をざっくり切って捨ててしまうのは、あまりにもったいない……。

　洗った青菜は、ざるに上げてザッと水きりします。この「ザッと」というところ、ミソなんです。覚えておいてくださいね。

　フライパンを強く熱して油をひきます。ほうれんそう1わを炒めるとしたら、サラダ油を大さじ1杯程度が目安です。フッ素樹脂加工のお鍋ならこの半分の油でよいでしょう。塩少々を入れて、煙が出るほどしっかりと熱したところに青菜を一度に入れ、一気に炒め上げます。

これが、青菜炒めというお料理なのです。

鍋からの直接的な熱だけでなく、青菜についている水滴が勢いよく蒸発して、そのスチーム効果で瞬間的に火を通す。蒸し焼きのような状態で、うまみを引き出す賢い調理法です。だから洗ったら、適度な水けがついている状態で炒めることが肝心なのです。火が入りにくい素材を炒めるときは、水けが足りなければ途中で湯や水をパラリと入れることもあるくらい。

炒める量は2人分程度にして、一度に鍋いっぱいに入れないほうが、鍋の温度も下がりませんから、短時間で色良くおいしくできあがります。本当にサッと仕上げたいので、塩を先に油になじませてから、青菜を入れるのもポイントです。青菜炒めは、慣れないうちは塩辛くなりがちです。火が入る前の青菜はカサがあるので、つい多くなってしまう。くれぐれも塩は控えめに。これも心に留めておいてください。

もやしも単品炒めで

もやしも青菜と同じで、もやしだけの炒め物なんて、お店では食べられません（それこそ単価の安い野菜。値段のつけようがないでしょう?!）。しかし、もやし炒めはうまい。もやしは豆が芽を出したところを食べる野菜で、「芽が出る」というのは命が動く瞬間ですから、栄養価もとても高いのです。

もやしのおいしさは、なんといっても〝歯切れ〟の良さでしょう。もやしの歯切れを楽しむとなれば、ひげ根をていねいに取るに限ります。「え〜、面倒くさい」という声が聞こえてきそうですが、もやしをおいしく食べようと思うのならば、ひげ根はぜひ取ってください。

中国を旅したとき、裏通りや市場で、もやしのひげ根を黙々と取る人たちを見かけました。子供も一緒に、家族みんなでもやしの山を作っています。レストランの下仕事をしているのでしょう。その様子を見て、祖母がもやしのひげ根を手早く取り除くのに驚いて、自分もやりたくなって手伝った子供の頃を思い出しました。面倒くさい作業も、家庭の料理では家族みんなが手伝えばよいこと。誰かに手伝ってもらえば、アッという間にすんでしまうものです。

さて、もやしの歯切れを残し、かつ、もやし特有の臭みが抜けるほどしっかり炒めるのは、実はなかなか難しいものです。特に家庭のガス台の火力や、フッ素樹脂加工の鍋では難しい。そこで考えたのが次のやり方です。

もやしを熱湯でサッとゆでてざるに上げます。と同時に、油をひいて強く熱した鍋に塩を入れ、水けをきったもやしをすぐに入れて、強火で一気に炒め上げます。こうすると歯切れが残り、美しく炒め上がります。

この方法で作ったもやし炒めは、もはや、ただのもやし炒めとは思えぬ高級料理の味わい。表現は良くないですが、百円のもやしも一皿千円の価値になると思うほどのおいしさですよ。

一種だけの野菜を炒める。これは、その野菜の味を楽しむうえで最高の調理法です。味の強い肉を加えれば、料理としての存在感は大きくなりますが、野菜そのものの味を押さえ込んでしまう。旬の野菜や採れたての野菜であれば、ぜひ、ほかの素材を加えずに、その一品だけで調理してみてください。それが、日本料理の「素材を大切にする」という発想なのです。

「炒め物」を考える

炒め物は、火との戦いではありません。中国料理は猛烈に強い火力で、あわただしく鉄べらを動かし、短時間で炒め上げるものと思われている方も多いでしょう。テレビの画面でプロが激しく調理するのを見ているものだから、みなさんも家庭で、わけもわからずに強火にして、やたらとひっくり返し、素材にさわりすぎているのではないでしょうか。

身近な調理法でありながら、〝炒め物〟という料理の基本を、みなさん、実はご存じないようです。炒め物上手になるために、覚えておいていただきたいポイントが三つあります。

炒め物の基本

一、炒め方には二種類あります。

〝炒める〟という調理法には、〝強火で鍋をあおる〟やり方と、〝焼き炒める〟やり方の二種類があります。まずはこの違いを、きちんと区別することが大事です。自分が今、何を炒めようとしているのか、炒める材料をよく見てください。どちらの炒め方が向いているのかを、考えてからお料理にかかってください。

〝強火であおる〟のは、短時間で炒める場合です。青菜のような火の通りやすい野菜。あるいはせん切りのじゃが芋のように、火の通りが良くなるように小さく切った具材をサッと炒める場合に〝強火であおる〟のです。短時間で軽く火を通す感覚です。

〝焼き炒める〟のは、じっくりと時間をかけて炒める場合です。火の通りにくいさやいんげんや、太いままのアスパラガスなどは、できるだけ強い火加減で、じっくり時間をかけて炒めて火を通します。まわりから、しっかりじっくり焼きつけて、中のほうまで柔らかく火を通す感覚です。

二、あまりいじらないこと。

熱は鍋底に当たっています。ですので鍋の底のほうにある材料は、200℃以上（230℃くらい）に熱されています。しかし目で見える材料の上の面は、指でさわっても熱くない常温ですね。これをしょっちゅう混ぜていると、下面と上面の温度を足して割る、およそ100℃くらいの温度で炒めることになる。これではいつまでたってもおいしそうな焼き色はつきません。素材の片面にきちんと火が入るまで待ち、カリッと焼き色がついたら返して違う面を焼く、というつもりで、なるべくさわらないことが大事です。待つこともお料理のうちです。

チャーハンでもご飯がカリッと焼けないうちに、手数を多くして鍋返しをすると、ご飯が鍋にくっついてしまうことがあります。きちんと焼いてから返すようにしてください。

三、調味料の入れどきに注意する。

塩だけは、材料を炒める前に鍋に入れて、油になじませてもよいのです。青菜の炒め物などは本当に短時間で仕上げたいので、先に油に塩を加えておき、塩の浸透圧も生かして青菜を一気に炒め上げます。

塩以外の調味料はたいてい最後に加えます。特にしょうゆは早く加えると焦げてしまい、風味を損なってしまうもの。酢も香りがとばないように、最後に加えてください。ごま油を最後に加えるのも、風味良く仕上げるポイントです。

中国料理ではあらかじめ、合わせ調味料を作っておくことが多いですが、これも炒め物を手早く炒めるために、仕事をスムーズにする工夫なのです。

日本の炒め物

素朴な疑問があります。炒め物は日本料理でしょうか?

中国料理の十八番のようですが、たとえ同じ素材を炒めたとしても、ちょっとした調理上の違いで、炒め物は日本料理になるというのが私の考えです。

たとえばシンプルな青菜の塩炒めは、きわめて日本料理的な炒め物といえます。少量の油で、水分の残る野菜を強火で炒めて、半ば蒸し焼きのようにして火を通す。これに山椒で風味をつければ山椒炒め、黒こしょうをふれば黒こしょう炒めとなります。幅は狭いですが、それでも変化を楽しめますし、素材の味わいを損なわない炒め物です。

一方、中国的な炒め物ならば、同じ青菜の塩炒めでも、最後に水(プロはスープ)を加えてとろみをつけることでしょう。鍋に残るはずの油が、水やスープと合わさってうまみとなり、材料にからんで、とろみのついた濃厚な炒め物になります。ひき肉などさらにうまみの出るものを加えたり、水分の中に酢などの調味料を加えることで、一層広く大きく味わいを変化させていくのが中国料理です。油を水分に溶かしてソースにするのが、中国料理の技術なのです。素材よりも、そうした調理法の技術に重きをおいたお料理といえるかもしれません。

油の量を多めに使うと、中国料理のうまみは濃くおいしくなりますが、こと家庭料理においては、中国本土でも健康を気づかって、油を使う量は控えるのだそうですよ。

日本の私たちは炒め物を、こんなふうに楽しんでみてはどうでしょう。あっさりといただきたいときは、口本的な塩炒め。おかずが物足りないときは、野菜だけでもご飯のおかずになる中華のとろみ炒め。同じ青菜の炒め物も、お天気や、その日の気分や、家族の健康などを考えて、時に応じて変えてみる。それが、家庭料理の本当の豊かさではないでしょうか。

日本料理においては、油をたくさん使う料理は品が悪いとされ、特に懐石料理では吸い物に油脂が浮くことさえ嫌います。和菓子もそうですが、油を使った揚げ菓子はおやつにはなっても、茶室でいただくことはありません。たいていの日本料理の洗い物は、湯を通すだけで間に合うのです。洗剤はほとんど使いません。

こうした食の文化を知ったうえで、いろいろなお料理を試してみることが大切です。そうすれば、私たちの暮らす風土に合った食の理《ことわり》（理由、道筋）を見失うことなく、日本料理の幅を広げることができると思います。

大根の味わい方

寒さを乗り切るために、栄養分をたっぷりと蓄えた根菜類も、冬の食の楽しみです。その代表が大根。身がしっかり詰まっていて、煮くずれしない加賀の権助大根や京都の聖護院大根、大ぶりの三浦大根、使いやすい大きさの青首など、地方によっていろいろな種類があり楽しいですね。

大根はいかようにも、姿や味わいを変えてくれる野菜です。もっと自由に、もっといろいろな食べ方をしてもいいのに、どうもみなさん、先入観にとらわれがちというか……。

たとえば大根を煮るとき、〝米のとぎ汁で下ゆでする〟といいますね。確かに多くの料理屋さんでは、大根のにおいを消すために、ひと手間かけて米のとぎ汁で下ゆでしています。でも、大根のにおいも持ち味のうち。必ず、下ゆでをしなければいけないわけではないのです。私のいた「吉兆《きっちょう》」でも、大根は直炊《じかだ》きにしていました。直炊きとは、そのままだし汁に入れて煮る方法ですが、元来《がんらい》くせのない大根の持ち味を、いくらかでも大根らしく生かしたい、という思いからの調理法です。

大根おろしにしても、すりおろすときに大根の皮をむくのが当たり前と、みなさん思っていませんか。なぜでしょう？　皮だって食べられるのに。皮が汚かったらその部分だけ、取ればいいんです。昔は今と違って、大根の皮が固かったのです。料理屋ではそれを、きれいにむいてからおろしました。そんな名残《なごり》が現代のおしゃれな家庭のキッチンに残っているのは、なんだかおかしな話です。

大根を煮るときは下ゆでし、大根おろしは皮をむけば、確かに白くきれいに仕上がります。しかしそうした料理屋さんの真似をすることで、家庭料理が豊かなものになるでしょうか。今度はその手間が大変だといって、家庭でどんどん料理をしなくなってきています。もっとふつうでいいのに……。おいしいものを作るのに、大変な遠回りをしていることも多いのです。

そう、普段は肩の力を抜いて、ふつうにいきましょうよ。そして家族の特別の日やお祝い料理に、ちょっと手間をかけて、きれいに仕上げてみる。大根を下ゆでしてから煮る、里芋をきれいに面取りしてから煮る、といったふうに、いつもの材料でもていねいに作れば、心のこもったとびきりのごちそうになる。そんな考え方、私は素敵だなって思うんです。

切り方も味のうち

大根はたっぷりと使い手のある野菜ですから、目先を変えていろいろに楽しみたいですね。

まず最初にご紹介したいのは、うまみの出るほかの食材と煮つける、気取らないおかず。皮もむかずにゴロゴロと切った大根を鍋に入れ、かぶるぐらいのだし汁を入れて、油揚げ（鶏肉や魚のあらでも）をポンとのせて、強火にかけます。煮立ったらあくを取り、しょうゆ、みりんで味つけ。そのまま落としぶたをして、50分ほど煮ればできあがり。冷まして鉢に盛れば、箸先でスッと割れるほど柔らかな大根の煮物です。これを少々、上品にしたのが〈大根と干しえびの煮物〉です。干しえびと煮干しのだしをじゅくっと吸った大根が、なんとも美味です。

大根は切り方を変えるだけでも目先が変わって楽しいもの。以下に、切り方で味わう大根のお料理を挙げてみましょう。

●大根サラダ

大根を5㎜ほどの厚めのいちょう切りにします。いちょう切りとは、輪切りにした野菜を4等分に切ること（＝縦4等分に切って端から薄切り）。刻んだしそと合わせて、薄口しょうゆとオリーブオイルのドレッシングでいただきます。大根のカリカリした歯ざわりがおいしい。

ドレッシング……薄口しょうゆ大さじ1、オリーブオイル大さじ2。

●炒めなます

大根を厚めの短冊に切ります。短冊切りとは、長さ5～6㎝、幅7～8㎜の薄い長方形に切ること。油で炒め、透き通ったら三杯酢を加えて、サッとひと煮します。干ししいたけ、れんこんなどを一緒に炒めてもよいでしょう。大根のしんなりした食感が美味です。

三杯酢……酢½カップ、みりん大さじ½、削り節5gの割合で作る。これらを鍋に入れて中火以下にかけ、静かに煮立つ程度で火を止めて、こして冷ます。

●大根のしょうゆ漬け

大根をさいの目切りにします。さいの目切りとは、一辺が1㎝くらいのさいころ形に切ること。半々のしょうゆと酒に1日ほどつけ込みます。酒を老酒《ラオチュー》にして、八角《はっかく》を加えれば中国風の漬物が楽しめます。ちなみに、これは大根の皮だけで作っても、シャキッとした歯ざわりでおいしいもの。風呂吹き大根などを作るときに、厚めにむいた皮を食べやすく切り、しょうゆ漬けにするとよいでしょう。この漬け汁は2回目まで使えます。

もっと大根おろしを！

おろすのが嫌いなのか、大根おろしは少ししか作らない方が多いようですね。そこをがんばって、ぜひ、たっぷりおろしてください。大根おろしには、いろいろな食べ方があるのです。上手に利用すれば、お料理のレパートリーが広がります。

まずはおろし方ですが、繊維を気にしなくてもいいので、縦でも、横に切ってからでも、おろしやすい方法でどうぞ。そして、もう一度言いますが、たっぷりおろしてくださいね。

何がいいって大根おろしは、油っこいものをさっぱりと食べさせてくれること。私が好きなのは、大根おろしにパセリのみじん切り、ポン酢を混ぜたたれです。これ、くせになるおいしさなんです。揚げ物につけても、豚しゃぶにつけても、とってもおいしい。

大根はみずみずしく、水分の多いのが特徴です。その水分の多さを生かした、和え物もいいですよ。大根おろしにおいしいお酢を混ぜて、塩もみしたきゅうり、たこ、しらすなどを和えるのです。冷たいお料理ですが、暖房のきいた部屋での、こういう一品も嬉しいもの。

〈いわしのおろし煮〉のように、煮汁の中に大根おろしが入っていると、おろしが魚や鶏肉にまとわりつき、だしを抱きかかえてくれるので、薄味でもおいしく食べられます。やさしい味わいです。日本料理のヘルシーな知恵ですね。

いわしのおろし煮

○材料（4人分）
いわし････大4尾
　しょうゆ････大さじ2
小麦粉････適量
大根（おろす）････350g
青ねぎ（斜め切り）････2本
しょうが（おろす）････20g
煮汁
　水････1カップ
　酒････½カップ
　みりん････大さじ2
　薄口しょうゆ
　　････大さじ3
サラダ油････½カップ

○作り方
1　いわしは頭を切り落とし、はらわたを取って水でよく洗う。水けを拭き取り、しょうゆをまぶして5～6分おく。
2　**1**のいわしの汁けをていねいに拭き取り、小麦粉をまぶす。
3　フライパンにサラダ油を熱し、**2**を入れ、両面こんがりと焼く。
4　同時に、鍋に煮汁の材料を入れて火にかけ、煮立ったら焼きたてのいわしを入れ、大根おろしと青ねぎを加えて軽く煮る。
5　たっぷりの煮汁とともに器にいわしを盛り、おろししょうがをのせる。

大根と干しえびの煮物

○材料（4人分）
大根････700g
干しえび････30g
煮干し････20本
油揚げ････2枚
水････6カップ
砂糖････大さじ3
みりん････大さじ3
しょうゆ････¼カップ

○作り方
1　大根は2㎝厚さの輪切りにして皮をむく。
2　干しえび、煮干しは頭を取って分量の水に2時間くらい浸しておく。
3　油揚げは、短冊に切る。
4　鍋に**1**、**2**と油揚げを入れ、強火にかけて煮立てる。砂糖、みりん、しょうゆで味つけ、煮汁が半分くらいになるまで、50分ほど煮る。

かぶの実、かぶの皮、かぶの葉

かぶは一年中出回っている野菜ですが、この季節のものはきめが細かく、甘みのあるつゆをたっぷり含んで、ひときわおいしいですね。日本料理では、かぶは高級な野菜とされています。ごちそうなのですよ。なめらかな舌ざわりと、白い色から来るイメージでしょうか。

かぶは皮をむくか、皮つきのまま調理するかによって、まったく印象を変えるものです。

皮を厚めにむけば、絹の舌ざわり。煮物にするときの人かぶは、繊維の強い皮を厚めにむきます。皮を残すと口に繊維が残って、せっかくの実の柔らかさを楽しめないからです。小かぶであってもクリーム煮にするときなどは、柔らかい口当たりが値打ちですから、やはり皮を厚くむきます。お客様やハレの日に出したい〈かぶのあちゃら漬け〉も、皮をむいて作りましょう。

一方、皮つきのまま調理すれば、コリッとした歯ごたえを楽しめます。特にかぶの小さいものがあれば、皮はさほど気にならないものです。茎を2㎝ほどつけたまま、小かぶを7～8㎜幅に切り、油揚げや帆立ての缶詰、ツナ缶などと一緒に煮てみてください。この〈小かぶの煮びたし〉は親しみのある味わいです。普段の日のかぶの浅漬けなども、皮つきのまま薄切りにし、素朴な味わいを楽しみましょう。

ちなみにむいた皮ですが、斜めに刻み、かぶの皮の重さの2％の塩をします。皿などのせて軽く重しをしておけば、かぶの皮の刻み漬けのできあがり。刻んだ柚子《ゆず》や昆布を入れてもよいし、かぶの葉をゆでて彩りに加えるのもよいでしょう。

葉は漬物に

かぶの葉はゆでて細かく刻み、ちりめんじゃこなどと炒め合わせ、塩やしょうゆで味つけすると、ご飯のよいおかずになります。しかし小かぶの葉はたくさんあって、炒めても食べきれないこともありますね。そんなときはやはり、漬物に限ります。かぶの葉は皮の繊維が強いのと同じで葉筋が強く、ほかの菜っぱのように煮びたしには向かないのです。

かぶを買ってきたら、葉がバラバラにならないように実の頭をつけた状態で切り、ため水と流水でよく洗います。

塩の量の目安を知るために、慣れないうちは、かぶの葉の目方をはかるとよいでしょう。塩は全体量の3％。たとえば葉が600gであれば18g、400gであれば12gになります。

葉を適当な容器（重しつきの漬物容器があれば一番です）に交互に重ね入れ、はかった塩を適当にふりかけていきます。このとき、洗った葉はすぐにざるに上げる程度の水きりでよいのです。適当に残った水が〝呼び水〟となって、塩と葉のなじみを早くしてくれますので。葉がキュッと締まるほどの重しをして、一晩おきます。これが〝下漬け〟です。

一晩おくと水分がひたひたに出てきます（これを「水が上がる」といいます）。水分を捨て、かぶの葉の水けをよく絞ります。白菜などの場合は、この状態から〝本漬け〟に入りますが、かぶの葉は絞る程度では、繊維がバシバシした感じでなじみが悪い。そこで葉を板の上に置き、こぶしでトントン叩きます。すると繊維がつぶれて全体が濃い緑に変わり、柔らかく食べやすくなります。

さて本漬けに入りましょう。かぶの葉を容器に交互に並べ入れ、昆布を適当に切って入れ、赤唐辛子2~3本は丸のままで加えます。これを適当に繰り返し、葉を全部入れたら、重しをして冷暗所に置きます。好みの漬かり加減で召し上がってください。

いただくときは、小口から細かく刻むとよいですね。長いとやはり繊維が強くて噛《か》み切れません。水けを軽く絞ってまとめ、こんもりと盛りつけましょう。かぶの葉の漬物は、ピリッとした辛みがあっておいしいものです。少々手間はかかりますが、台所に自家製の漬物があると、なんとなく豊かな気持ちになります。

小かぶの煮びたし

○材料（4人分）
かぶ（葉つきのもの）
　‥‥5個（600ｇ）
油揚げ‥‥2枚
家庭だし‥‥2½カップ
薄口しょうゆ‥‥大さじ3

○作り方
1　かぶは軸を3㎝ほど残して皮を厚くむき、三つ～四つ切りにする。油揚げは短冊切りにする。
2　鍋に**1**とだし汁を加えて火にかけ、煮立ったら薄口しょうゆを加え、落としぶたをして7～8分煮る。

かぶのあちゃら漬け

○材料（4人分）
かぶ‥‥5個（500ｇ）
塩‥‥適量
だし昆布（5㎝角）‥‥1枚
赤唐辛子‥‥1本
合わせ酢
　酢‥‥½カップ
　砂糖‥‥大さじ2
　塩、薄口しょうゆ
　　‥‥各小さじ½

○作り方
1　かぶは洗って皮を厚くむき、食べやすい大きさに切る。
2　かぶの厚みの⅔の深さまで、縦横に適当に切り目を入れる。
3　かぶに塩をたっぷりとまぶす。4～5分おいてかぶが柔らかくなったら、塩けを洗い流す。
4　昆布はふきんで汚れを拭き、はさみで細切りにする。赤唐辛子は種を抜き、小口切りにする。
5　合わせ酢の材料を混ぜ合わせ、**3**と**4**を入れて軽く和える。1時間以上つけ込む。

冬じゅう楽しむ白菜

白菜は霜《しも》にあたって初めておいしくなります。寒さで葉が開かなくなるということはつまり、水分やうまみを外に出さないようにしているのでしょう。栄養価は夏の三倍にもなるそうです。

これもまた、いろいろに楽しめる野菜ですね。思いつくままに挙げてみましょうか。

●生でサラダで食べる。

みずみずしい白菜のサラダ、おいしいです。部位によって、歯ごたえの違うサラダが楽しめます。外側の黄色い葉を使えば、口当たりの柔らかな〈白菜のふわふわサラダ〉。ちょうどチコリぐらいの大きさの、内側の葉の白いところを使えば〈白菜のパリパリサラダ〉。冬の間に、どちらも試してみてください。

●軸を炒めて食べる。

軸は繊維に沿って縦に切ると、繊維を断ち切らないので水分が出にくく、柔らかく食べられるのです。太めの千六本（せん切りより少し太い、マッチ棒ぐらいの太さ）に切り、サッと歯ごたえを残して炒めてみてください。いったん取り出して、別に炒めた卵やえびと炒め合わせ、塩で味つけ。あっさりとした炒め物で、これはご飯がすすみますよ。

●芯のほうを食べる。

白菜は芯のほうに、柔らかくて白アスパラガスのような味わいがありますね。ここを直炒めにしていただくのも最高です。大きい葉を順番に使っていって、残った三周りほど小さくなった株を、そのまま四つ〜六つ割りのくし形切りにします。中華鍋に油少々を熱し、水けが出ないように手早く、カリッと焦げ目をつけるように焼きつけます。味は塩とこしょうでシンプルに。白菜のかたまりをガブリとやる、若々しい食べ方です。冬のみずみずしい白菜で作るからこそ、おいしいお料理です。

●寄せ鍋に入れる。

寄せ鍋に使う場合は、白菜をサッと下ゆでするのがおすすめです。こうすると白菜の水けが出ないので、鍋のだしの味を悪くしません。

下ゆででは、少なめの湯で蒸しゆでにしましょう。広口の鍋かフライパンに白菜の葉を4〜5枚、葉先と茎部分とを交互にして入れ、水を½カップほど加えて煮立たせます。油を少し加え、ふたをして吹き上がってきたら約1分。ざるにとり、塩を少々ふって冷まします。塩をふるのを忘れずに。塩は白菜の甘みを充分に引き出してくれますから。

鍋の具材にするときは、ほうれんそうを芯にして、下ゆでした白菜で巻きます。巻きすを使って巻き、水けを絞ったものを適当に切れば、見た目もきれいだし、なにしろ食べやすい。こういう昔ながらのちょっとした手のかけ方というのは、なかなかいいものだと思うのです。この白菜の巻き物は、小鉢に盛ってごま油をかければ、おひたしとしてすすめられます。

白菜漬けを作りましょう

冬の白菜で、ぜひ作っていただきたいもの、それは塩漬けです。すっきりとした涼しい口当たり。ほのかな酸味、わずかに発酵したうまさ。日本の冬の食卓に、なくてはならないものだと思うのです。どうかみなさんの手で、この素晴らしい野菜料理を継承していってください。

白菜は一度に2株（約4kg）くらい漬けましょう。重さをはかって、塩の量を計算します。塩は天然塩を用い、量は白菜の重さの3～4％です。まずは白菜の根元に十字に切り込みを入れ、4つに割ります。ざるに広げ、半日ほど陰干しにします。

漬け樽の底に、分量の中から塩をひと握りふり、隙間のないように白菜をひと並べします。塩をふり、上に白菜を重ねて並べ、さらに塩をふり……を繰り返します。重しは白菜の重さの2倍（8kg）が目安。重しをして一昼夜おき、上がった水分を捨てます（下漬け）。軽く絞った白菜を、昆布（50g）、赤唐辛子（6～7本）、柚子などを適当に入れながら、樽に入れていきます。本漬けでは、重しは下漬けの半分の重さ（4kg）にします。冷暗所に置き、さらに水が上がってくるようであれば重しをはずします。好みの漬かり加減で召し上がってください。

白菜の漬物は二週間もすれば酸っぱくなってきます。そんなときは水けを絞って、味つけも何もなしで少々しっかりめに炒めてみてください。これで、びっくりするほどおいしい炒め物ができますよ。

白菜の
パリパリサラダ

○材料（4人分）
白菜（芯の柔らかいところ）
　‥‥200g
みかん‥‥2個
プルーン（種抜き・2つにちぎる）
　‥‥4個
鶏ささ身‥‥80g
レモン汁‥‥½個分
しょうがの絞り汁
　‥‥20g分
塩、こしょう、オリーブ油
　‥‥各適量

○作り方
1　白菜は大きめにちぎり、水につける。みかんはひと房ずつ薄皮をむいておく。
2　鶏ささ身は塩を加えた熱湯で静かにゆで、表面が白くなったら氷水に取り出し、冷まして大きめに裂く。
3　白菜は水けを充分にきってボウルに入れ、鶏ささ身、みかん、プルーンを加える。
4　いただく直前に**3**に塩、こしょう、レモン汁、しょうがの絞り汁を加えて混ぜ合わせ、オリーブ油をからめる。

白菜の
ふわふわサラダ

○材料（4人分）
白菜の柔らかい葉
　‥‥200g
赤ピーマン‥‥¼個
くらげ（塩漬け）‥‥100g
下味用
　しょうゆ‥‥大さじ½
　砂糖‥‥小さじ½
　ごま油‥‥大さじ1
塩‥‥小さじ½
レモン汁‥‥½個分
甘酢
　酢‥‥大さじ3
　塩‥‥小さじ1
　砂糖‥‥大さじ2

○作り方
1　くらげは水につけて10分ほど塩抜きし、水けをぎゅっと絞り、下味の調味料をもみ込む。
2　白菜は柔らかい葉をせん切り、赤ピーマンは小さな短冊切りにする。
3　**2**の白菜に塩、レモン汁、甘酢を混ぜ込み、くらげ、赤ピーマンをさっくりと和える。

〝煮えばな〟を食べる鍋料理

〝鍋奉行《なべぶぎょう》〟と言われる人がいますが、鍋料理をいかにおいしく食べるかの指南役といったところでしょうか。かく言う私もその一人かもしれません。いや、もちろん、あまりうるさく言うのも嫌なのですが、やはりその、どうしても、葉っぱが煮えすぎたり、豆腐にすが入ってしまったり、目前で素材の〝食べどきの旬〟がどんどん過ぎてしまうのを、黙って見ているわけにはいかないのです。

鍋料理とは、その素材が煮えた一番おいしい瞬間を逃さずに食べる料理です。その瞬間を〝煮えばな〟といいます。煮えばなを逃さず食べてこそ鍋料理であって、それが煮物と違うところです。鍋料理は最初から最後まで、きれいに食べたいと思います。静かにおいしそうに素材が煮えているのは、とても豊かで美しい風景です。そういうお鍋は味も澄んでいるのです。

水炊きはその名のとおり、ただ水で煮るお鍋です。

さっそく仕度をいたしましょう。まずは昆布を土鍋に入れて水をはり、しばらくおいておきます。昆布が充分に広がったら火にかけ、骨付きの鶏肉のぶつ切り、あるいは魚の場合はあらを先に入れます。鍋中が沸いてきて、沈んでいた骨付き鶏肉に火が通れば、静かに浮き始めます。火を弱めてあくを取り、こうなれば鍋の温度も安定してきて、とても穏やかな様子。あとは大皿に盛り込んだ材料を、食べるペースに合わせて適当に入れて、煮えたものからいただきましょう。

やっこ（3㎝ほどの角切り）に切った豆腐は、鍋に入れて冷たいうちは沈んでいますが、温まるにつれ、浮いてゆらゆらし始めます。ここが食べ頃です。

白菜などは煮えばなも良し、くたくたになったところを食べるのも良し。タイミングに幅があります。しかし春菊などは、入れた瞬間にパッと鮮やかな緑になりますから、くたっとなる前にすぐに食べてください。煮えばなをいただけば、春菊を見直すほどおいしいと感じるはずです。すぐに取り出さないで鍋に入れっ放しにすると、あくが出て煮汁がまずくなりますから、くれぐれも入れたらすぐに召しあがってください。

水菜などもまさにしゃぶしゃぶのごとく、鍋に入れたらすぐに一度返して、次の瞬間に食べる。これくらいの一瞬の火の通し加減で食べてこそ、水菜はおいしいのです。ですから青菜は、〝自分で食べる分だけ自分で煮る〟ことが大事ですね。

水炊きは、ポン酢じょうゆをつけて食べるのが最高ですが、甘みのきいた温かい〈つけだし〉もおすすめですよ。特に湯豆腐には〈つけだし〉が合いますから、ぜひぜひこれで食べてみてください。

おや、やっぱり、私も鍋奉行ですね。

寒い季節、子供の頃から家族でよく鍋を囲んでいました。すき焼きの煮方や調味料の加減、湯豆腐のおいしい食べ方、野菜の煮えばな……。父や母のするのを見ているうちに、ずいぶんいろんなことを教わったと思います。こうしなさい、ああしなさい、と言われたわけではありません。ぷっくりしてきた豆腐や、パッと鮮やかな緑になった青菜を「おいしそう」と感じること。「おいしいね」って、顔を見合わせながら食べる楽しさ。鍋の中をきれいに整えるのも、料理のうちだということ……。本当にいろんな大切なことを、鍋を囲む寒い夜に私は教わったのです。

つけだし

○材料
しょうゆ‥‥1カップ
みりん‥‥½カップ
水‥‥½カップ
昆布（5㎝長さ）‥‥1枚
削りがつお‥‥10g

○作り方
材料をすべて鍋に入れて、中火弱にかけ、ひと煮してこす。

レシピを見ずに作る煮魚

子供の頃、風邪をひくと治りかけた頃に、いつも母が炊いてくれたのがかれいの煮つけでした。かれいは身ばなれがよくて、おなかにやさしい白身魚です。「上手に食べるね」ってほめられて、余計に身を残さずにきれいに食べようと思ったものです。

煮魚はきわめて簡単なお料理です。

魚屋さんの前に立って、好きな魚を選び、持ち帰って煮るだけなのです。これに、青菜のおひたしと味噌汁でもあれば、もう立派な献立になります。ご飯が炊き上がる間に作れて手間もかかりません。

煮つけは魚そのものがうまければ、誰が煮てもほとんどおいしくできあがるものです。これから挙げるポイントを頭に入れて、さっそく今晩、この本も開かずに煮てみてください。一度うまく煮えれば、もう自信がつくことでしょう。

まずは片手鍋に目分量で水と酒を入れます。水だけでも酒だけでもよいのです。量としては鍋を傾けて、魚が6割程度つかるくらいで結構です。魚の全体を煮汁が覆う必要はありません。わからなければ魚を先に入れて水分を加え、それから魚を取り出してください。

しょうゆを加えます。「この魚にしょうゆをかけて食べるなら、このくらいかな」とイメージする量を加えます。魚にしょうゆをかけた場合は下に流れるので、少々多めにかけていますよね。また、一尾にかけるのと二尾の魚にかける量とでは違うこともわかるでしょう。そして次に甘みのある調味料（砂糖、みりん）を加えます。〝甘辛い〟味は、しょうゆと甘みのある調味料がだいたい同量入ると覚えておきましょう。酒の肴《さかな》であれば、甘みを入れずに酒をたっぷりきかせて、しょうゆをちょっとたらす程度がおいしいです。

煮汁を煮立て、水洗いした魚を、盛りつけたときに表になる側を上にして（ふつう、魚は頭を左に盛りつけますが、かれいだけは右向きに盛りつけます）鍋に入れます。魚は広口の鍋にひと並べにして煮、決して重ねて煮ることはありません。鍋を傾けて、玉じゃくしで煮汁をかけながら煮ていきます。火は絶えず強火。鍋を傾けたまま煮汁を絶えずかけながら煮ていくと、そのうち魚はそり返り、目が白くなればおおよそ火が通っている証拠です。その頃には煮汁も適当に煮つまり、とろりとして、玉じゃくしでひとかけするごとに照りが良くなってきます。そうなればできあがり。煮魚は途中で魚を返すことはしません。

魚を盛りつけ、煮汁をかけます。煮汁の煮つまり加減が浅ければ、魚だけ盛りつけたあとで煮汁だけを煮つめ、フランス料理のソースのようにほどよい濃度にして魚にかけます。

煮つけは、魚に煮汁を含ませるのではありません。箸でつまむと中は白い身。それに煮汁をつけて食べるのが「煮つけ」というお料理なのです。

冬のキャベツでお好み焼きを

東京のマーケットでは、ふわふわと葉を重ねた春型のキャベツが真冬でも並んでいます。流行の〝サラダ感覚〟というものでしょうか。今では八百屋さんの売り上げの大半が、火を通さずに食べられる〝サラダ感覚〟の野菜で占められているようです。

でも、冬においしいのは、ふわふわと柔らかいキャベツではないのです。昔ながらの、ずっしりと巻きの固い〝ひねキャベツ〟なのです。だって、ほら、キャベツの仲間である葉ぼたんを正月のお飾りにすることをみても、キャベツが冬野菜であることがわかるではないですか。

冬キャベツは十二月初めには大きく生長します。そのまま年を越して霜にあたり、雪が一メートル積もっても、じっと寒さに耐えて栄養価を高めている。雪の下で熟したキャベツは甘みが強くなり、噛むとお菓子のようにサクリと柔らかいんです。キャベツに限らず冬野菜とはこういうもので、本当に寒くなってから三月頃までがおいしいのですが、現代人はこのことを忘れてしまいました。ちなみに三月の声を聞くと気分は春ですが、本当の春野菜が出回るのは四月に入ってからです。

さて、ひねキャベツの食べ方ですが、火を通すと甘みが引き立つ野菜ですから、ロールキャベツやポトフ、ボルシチのように煮て食べるのがおすすめです。それから、なんといっても焼きそば、お好み焼き。関西の鉄板焼きにひねキャベツは欠かせません。

私好みのお好み焼き

それでは大阪出身の私が、ひねキャベツがたっぷり入るおいしい〈お好み焼き〉の焼き方を伝授いたしましょう。お好み焼きとは、自分の好きなものを入れて好きに焼くから〝お好み焼き〟という名前がついているのかな、とも思いますが、デタラメに焼いてもおいしくなるものではありません。

いろいろなお好み焼きがありますから、私の好みということにしておきますが、具は〝豚玉（豚肉と卵）〟が良いと思います。豚肉からにじみ出る脂《あぶら》でお好み焼きを焼くと、なんとも香ばしく焼き上がってうまいですよ。豚肉は脂の多いばら肉を選んだほうが断然うまいです。

お好み焼きの生地をかき混ぜる、マグカップのようなアルミ製の容器をご存じでしょう？　あれは1枚分の生地がようやく入る程度の大きさで、小さくて、混ぜにくくなっているところが見事やな、といつも思うんです。それというのも粉を使う料理は、天ぷらでもクッキーでも、〝混ぜすぎないこと〟が肝心なのです。混ぜすぎると粘りが強くなって生地が固くなり、ふわりといきませんからね。キャベツがどっさりと入っていて、客は混ぜにくいものだから、卵なんかまだ黄色いのが見える程度で「まあ、いいか」と豚肉の上にのせる。それが良いのです。混ぜにくいお好み焼きカップを考えた人は偉いと思います。専用カップのない家庭でも、とにかく混ぜすぎ禁物です。

じゅくじゅくと焼いていき、きれいな焼き色をつけて返すと、とたんにパンパンと叩きたくなるのが人情。ですが、これもグッと我慢して叩かないこと。叩くと中に入っている空気が抜けてしまうんです。

あとはもう、じっくり火が通るのを待つだけです。好きなだけソースやマヨネーズを塗って召し上がってください。

お好み焼き

○ 材料（4枚分）
生地
大和芋（すりおろす）‥‥100g
卵‥‥2個
水‥‥2カップ
固形スープの素‥‥1個
キャベツ（ひね・みじん切り）‥‥600g
青ねぎ（小口切り）‥‥80g
揚げ玉‥‥⅔カップ
紅しょうが（みじん切り）‥‥20g
するめいか（上身・小さめの短冊）‥‥250g
　塩‥‥小さじ½
　酒‥‥少々
小麦粉‥‥200g
豚ばら肉（薄切り）‥‥200g
サラダ油／油ひき
お好み焼きソース／刷毛
青のり粉、削りがつお‥‥各適量
マヨネーズ、練りがらし‥‥各適宜

○作り方
1　するめいかは塩と酒で下味をつけておく。
2　大きめのボウルに、生地の材料をすべて入れ、ざっくりと混ぜ合わせる。
3　鉄板を強火で充分に熱し、サラダ油をひき、生地をのせる。その上に豚肉をのせて、ゆっくり焼いて火を通す。
4　ひっくり返して火を通し、再び返し、ソース、青のり粉、削りがつおをかけ、好みでマヨネーズ、練りがらしを添える。

二月終わりの牡蠣《かき》フライ

Rのつく月は「牡蠣が食べられる」月であって、決して牡蠣がおいしい月を示しているのではないのです。牡蠣は秋、涼しくなると出回り始めますが、二月から三月にかかる「そろそろ牡蠣も終わりかな」という頃が、実は一番味が良くなります。

また、みなさんがきっと勘違いしているだろうなと思うのは、〝生食用〟と〝加熱用〟の違いです。〝生食用〟のほうが、新鮮でおいしいのだろうと思っていませんか？これは大きな間違いです。牡蠣はあたれば怖いので保健所の基準が厳しく、〝生食用〟は無菌状態でパックして販売するように決められています。牡蠣を無菌にするためには、産地でよく洗浄してパッキングしなければなりません。「洗う」ということはつまり、無菌で安心して食べられる代わりに、牡蠣のうまみも一緒に流れてしまうということ。平たくいえば、牡蠣本来のおいしさが損なわれているのです。

一方の〝加熱用〟では、牡蠣を洗わずにそのままパックしているので、うまみがちゃんと残っています。だから〝生食用〟よりおいしい。たぶん、鮮度の良い〝加熱用〟を生で食べても大丈夫なのでしょうが、売る側は「もしあたってても責任を持ちませんよ」というわけですね。

〝生食用〟は洗浄の手間がかかるために、売り値も〝加熱用〟より高くなります。こういったことを知らなければ、高価な〝生食用〟は色も白くて、水を含んでふっくらしているから、鮮度が良くておいしそうに見えるでしょう。〝加熱用〟は色が自然のままのグレーで平べったいことから「古くて安い」と誰もが思うのではないでしょうか。なんだか損した気分です。

食べたものでおなかが痛くなれば、たまたま食べた人の体調が悪かっただけだとしても、マーケットの信用に傷がつき、加工業者の責任または生産者の責任にされるのが日本です。責任を問われれば大変ですから、不自然に手を加えて、百パーセント無菌に処理したうえに、さらに少し添加物を加えて消毒したりします。そうした設備投資ができない産地の牡蠣は、おいしくても、生食はできないということです。私たちは食に対して、変な〝回り道〟をしている気がしませんか。それもこれも便利さを追求するあまり、食べ物を生み出してくれる自然から、遠く離れた生活をしているせいだと思います。せめて、その季節の旬のものを口にすることで、自然を感じていたいものです。

極上の牡蠣フライ

牡蠣は揚げるとはねるから、自分で作るのはちょっと……と思われている方も多いようです。「どうすれば上手に作れますか?」とよく質問もいただきます。

まずは牡蠣の水けをとることがかんじんです。

ですから〝加熱用〟の牡蠣を塩水で洗ったら、まずはざるに上げて水をきって。それから、キッチンペーパーの上に牡蠣をひとつずつ並べ、上からもキッチンペーパーをのせて、軽く押さえて水分をよくとってください。このひと手間で油もはねなくなりますし、衣のつき方がまるで違う、おいしい牡蠣フライができるのです。水きりが充分でないと、うっすらとまぶす程度でよい小麦粉がたくさんついてしまい、揚げたときに衣がはがれる原因になる。また、水きりが悪くて小麦粉がたっぷりつくと、そのあとの卵もパン粉もゴテゴテについてしまい、重い衣の牡蠣フライになってしまうんです。

水きり以外にもコツあり、です。衣の卵はただ溶いただけでは濃すぎるので、少量の水とサラダ油を混ぜてなめらかにします。それからパン粉は手作りに限る! 手作りといっても、食パンを適当にちぎってフードプロセッサーにかけるだけ。おいしいパンで作ったパン粉の牡蠣フライは目からうろこの落ちる美味ですよ。ぜひお試しください。

アッという間のフライパン蒸し

もうひとつ、旬の牡蠣を手軽においしく食べるレシピをご紹介しましょう。先に、ポン酢と大根おろしを用意してください。取り皿も用意して、作る人は食べる人たちの態勢が整ってから、料理を始めます。

では始めます。20㎝長さのだし昆布を水で湿らせ、フライパンに敷きます。牡蠣は水洗いしますが、水けは拭きとらず、ぬれたままの状態で昆布の上に並べます。バターをひとかけら落とし、酒をふりかけてフライパンのふたをし、強火にかけます。フライパンのふたが透明なら、牡蠣に火が通って、身がちぢむのが見えるでしょう。

牡蠣の火の通し具合はお好みでよいのですが、食べ頃は、沸騰してから1分30秒というところでしょうか。強火で少し焦げた昆布とバターのいいにおいがしてきます。昆布ごと器に移して食卓へ運び、ポン酢、大根おろし、一味唐辛子などで熱々をいただきます。

どうです、素晴らしくおいしそうでしょう？　今の季節にこれを食べない手はありませんよ。

春の兆《きざ》しを味わう

春を告げる山菜の中でも、ふきのとうはずいぶん早くに顔を出します。まな板の上で細かく刻んで、砂糖をひとつかみと粒味噌を適当に加え、そのまま包丁で叩くように刻んでください。全体がよくなじめば、〈ふきのとう味噌〉のできあがり。しばらくおくとあくが出て黒くなるのが嫌なら、刻んだふきのとうを油で炒めて調味料を加え、油炒りのふきのとう味噌にします。いずれにしても予想どおりの強い香りが嬉しく、とたんに春が舞い込んできたかのようです。

そのまま、ご飯のお供《とも》にしてもよいですし、私は焼き魚にも、お肉にも添えます。ほろ苦いというよりも、はっきり苦くて、砂糖をきかさなければ苦みに閉口してしまいます。でも嬉しい。なにせ、春の香りですから。とろろ芋にざっくり混ぜ込んで、とろろご飯もよいですね。

できたての味噌汁に、ふきのとう味噌を溶かし込むのも、ふわっと香りが立っておいしいものです。

こうして季節はめぐり、また、春がやってくるのです。

ふきのとう味噌

○材料
ふきのとう‥‥8〜10個
砂糖‥‥大さじ2〜3
粒味噌‥‥75g
サラダ油‥‥少々

○作り方
ふきのとうは、細かく刻んで、油で炒め、味噌と砂糖を加えてしっかり炒りつける。

あとがき

おかげさまで文庫本にしていただけることになりました。一人でも多くの人に、暮らしの中で料理する楽しみや喜びを知っていただければ何よりうれしく思います。

おいしい料理を作るためには、まずレシピにおいて作る手順【基礎】を知ること。包丁やちょっとした要領【技術】を身につけること。さらにおいしくするには、よく見て【感性】を働かせることです。その感性とは、「きれいだな」と思ったり、ドキドキするような感覚であったり、優しさのような心持ちかもしれません。

最近、近所の自然食品のお店で無農薬野菜をときどき買っています。直接入ってくるので鮮度が良くてやっぱりおいしいですね。仕事では種類が豊富にあって便利な市場やマーケットで材料を揃えますが、自分で食べるものを求めるときはそういった小さなお店で野菜を選ぶのは楽しいものです。大きなかごに山積みにされた野菜は、すこし触れば皮が柔らかいものは柔らかいって分かるし、ちらっと見るだけでもこっちのほうがいいって分かるのです。よく「素材の選び方を教えてください」という質問があります。有機野菜だからおいしいとか、生産者の名前が入っているからおいしいとかいう訳ではありません。お店側から提供される情報だけを当てにするのではなくて、しっかり感性を働かせて自分の基準を持つことです。ひとつのかごの中のきゅうりでもなすでもいいものとそうでもない物があるのです。冬のテーブルの上にのったみかんでも、おいしそうなものを選ぶでしょう。「よく見て！」自分の感性を働かせて素材を選ぶのです。その基準は「おいしそう！」です。季節、匂いや質感、色や大きさ、さまざまなことを、よく見ることです。そういう「おいしそう！」って感覚はお料理を作るときにも役立ちます。いや、同じことだと思います。

そんな魅力ある野菜のお料理は、作る料理も素材を生かしたシンプルなものが多くなります。大ぶりに切って、力強い皿を選んで盛り込み（実際には皿にのせるだけ）、さりげなく食卓に並べるだけで「本当にきれい！」です。そんなシンプルな一皿でも、見るからにおいしそうですから、どういう野菜かなんて知らなくても、家族は手をのばして食べてしまいます。クラブや勉強で忙しくって食べることに注意を払えない状況の子供たちでも、食卓の上のおいしいものを見つける力はしっかりあるのだと安心しています。毎日の暮らしの中のお料理が、学校では習えない子供たちの感性を磨き高めてくれると信じています。

二〇〇九年　そろそろ秋がおいしくなる日

おいしいもの研究所　土井善晴

本書は、二〇〇六年十月に刊行された『春夏秋冬　ほしかったのはこんな味
土井家のおいしいもん』（小社刊）を文庫収録にあたり、再編集したものです。

土井善晴－1957年、大阪府に生まれる。料理研究家。「土井善晴おいしいもの研究所」を主宰。スイス、フランスで西洋料理を学び、大阪の「味吉兆」で日本料理を修業。家庭料理の第一人者であった父、土井勝の遺志を継ぎ、「清く正しくおいしい」日本の家庭料理を提案する。季節感や素材の味を大切にした家庭の味にこだわり、理論的でわかりやすい解説に定評がある。テレビや雑誌、レストランのメニュー開発など幅広く活躍。
著書には『日本の家庭料理独習書』（高橋書店）、『土井家の「一生もん」２品献立』『お箸で食べる洋食』『マンガ版 お料理入門』『日本のお米、日本のご飯』（以上、講談社）など多数ある。

講談社＋α文庫　まねしたくなる　土《ど》井《い》家《け》の家《いえ》ごはん

土井善晴《どいよしはる》　

2009年10月20日第１刷発行
2022年５月24日第10刷発行

発行者――鈴木章一
発行所――株式会社 講談社
東京都文京区音羽2-12-21 〒112-8001
電話 編集(03)5395-3522
販売(03)5395-4415
業務(03)5395-3615

デザイン――鈴木成一デザイン室
本文データ制作――朝日メディアインターナショナル
カバー印刷――凸版印刷株式会社
印刷――株式会社新藤慶昌堂
製本――株式会社国宝社

KODANSHA

落丁本・乱丁本は購入書店名を明記のうえ、小社業務あてにお送りください。
送料は小社負担にてお取り替えします。
なお、この本の内容についてのお問い合わせは
第一事業局企画部「＋α文庫」あてにお願いいたします。
Printed in Japan ISBN978-4-06-281320-4
定価はカバーに表示してあります。